Reden zur Verlobung und Hochzeit

D1735129

ECON Ratgeber
Reden, Briefe, deutsche Sprache

Claudia Mayerhöfer

Reden zur Verlobung und Hochzeit

Modern und zeitgemäß

ETB
ECON Taschenbuch Verlag

CIP-Kurztitelaufnahme der Deutschen Bibliothek

Mayerhöfer, Claudia:
Reden zur Verlobung und Hochzeit: modern u. zeitgemäß /
Claudia Mayerhöfer.
– Orig.-Ausg. – Düsseldorf: ECON Taschenbuch Verlag, 1986.
(ETB; 20160: ECON Ratgeber: Reden, Briefe, deutsche Sprache)
ISBN 3-612-20160-3

Originalausgabe

© ECON Taschenbuch Verlag GmbH, Düsseldorf
April 1986
Umschlagentwurf: Ludwig Kaiser
Titelfoto: Photo-Design-Studio Gerhard Burock
Satz: Dörlemann-Satz, Lemförde
Druck und Bindearbeiten: Ebner Ulm
Printed in Germany
ISBN 3-612-20160-3

Inhaltsübersicht

Sprechen und Rede

Als sich vor rund 1 Million Jahren der Mensch aus dem Tier bildete, tauchte auch eine Fähigkeit auf, die unter den Bewohnern der Erde bisher ohne Beispiel war: das Sprechen, die menschliche Sprache.

Der Mensch fertigte Werkzeuge an und gebrauchte sie, er erhob sich vom Vierbeiner zum Zweibeiner, und mit dieser Entwicklung lernte er es auch, dem Denken ein Werkzeug bereitzustellen. Damit verlieh er fortan seinen geistigen Vorstellungen verbalen Ausdruck, um sie an die Mitmenschen weiterzugeben.

Der Ursprung dieses Werkzeugs Sprache, sozusagen die Ursprache, läßt sich heute nicht mehr bestimmen. Die Forschung ist jedoch zu dem Schluß gekommen, daß die Sprache einen Teil der Menschwerdung ausmacht. Menschwerdung und Sprache in voneinander getrennten Bahnen, das ist nicht möglich. Die Sprache entstand nicht etwa später oder gar eher, vielleicht als Fortentwicklung tierischer Laute, sondern sie war sowohl eine Triebfeder als auch eine Bedingung der Menschwerdung.

Sprachen und Sprechen sind somit elementare Fähigkeiten des Menschen. Diesen Umstand erkannten schon die Verfasser der Bibel. Dort heißt es am Beginn des Johannes-Evangeliums:

> »Im Anfang war das Wort,
> und das Wort war bei Gott,
> und das Wort war Gott.«

Schon damals, vor 2000 Jahren, waren sich die Menschen der grundlegenden Bedeutung ihrer Sprache bewußt. Das »Wort« wurde gleichgesetzt mit Gott. Und schon damals galt, was bei uns ein Sprichwort sagt: Worte sind der Seele Bild. Man kann hinzufügen, nicht nur ein Bild der Seele, sondern noch viel eher ein Bild des Denkens, ein akustisches Bild.

Um diesem Bild Gestalt zu geben, stehen und standen dem Menschen während seiner Geschichte schätzungsweise 2500 – 3500 verschiedene Sprachen zur Verfügung. An solchen Zahlen können wir die immense Bedeutung und die unvorstellbare Reichhaltigkeit der Sprache ermessen.

Welchen Rang die Sprache als Verständigungsmittel in unserem Leben einnimmt, wird uns erst richtig bewußt, wenn wir einmal schweigen müssen. Erteilen Sie sich doch selbst, als kleinen Test, die Auflage, eine Stunde lang kein Wort über Ihre Lippen zu lassen. Wenn Sie allein sind, wird das nicht so schwierig sein. Aber selbst da gibt es genug Leute, die nicht ohne Worte auskommen. Etwas süffisant bezeichnet man diese Eigenart gern als *Selbstgespräche führen*. Eigentlich zu unrecht in diesem spöttischen Ton; denn um die Gedanken intensiv zu ordnen, sind solche Selbstgespräche manchmal recht nützlich.

Schwierig und sogar gefährlich für das gute Verhältnis zu den Mitmenschen wird es, falls Sie sich Ihr Schweigegebot gerade dann erteilen, wenn viele Menschen um Sie sind. Fast ständig werden Sie angesprochen. Unter diesen Umständen dann zu schweigen, so zu tun, als habe man nicht gehört, könnte manche gute Freundschaft, manches gute Betriebsklima am Arbeitsplatz empfindlich belasten, im schlimmsten Falle sogar zerstören.

Die Sprache ist also nicht nur ein bloßes Verständigungsmittel, nicht nur der Träger, auf dem Informationen weitergegeben werden, sie ist auch ein wichtiges, wenn nicht das wichtigste soziale Bindeglied zu unserer Umwelt. Mit ihr besitzen wir gewissermaßen einen Schlüssel zu der Welt, in die wir hineingeboren wurden.

Trotz seines hohen Alters – bald 1 Million Jahre – ist unser Verständigungsmittel Sprache noch keineswegs veraltet. Die Sprache hat sich im Gegenteil als so zweckmäßig erwiesen, daß es in einigen Bereichen des modernen Le-

bens sogar notwendig wurde, ihre Zahl noch um Spezial-
sprachen zu erweitern, künstliche Sprachen zu schaffen.
Man denke nur an das Vokabular der Hobbyfunker oder an
die modernen Computersprachen. Dies alles sind zwar
keine Sprachen im eigentlichen Sinn, doch die Grundprin-
zipien werden auch hierbei eingehalten.

Eine gebündelte Ladung an Mitteilungen kann durch das
Sprechen in relativ kurzer Zeit weitergegeben werden. Gerade diesen Umstand, diesen Vorteil macht sich auch die
öffentliche Rede zunutze. Sie gibt Sachverhalte in sehr
konzentrierter Form weiter. Bei einer Rede sind aller Ohren
auf den Redner gerichtet, die Zuhörer sind aufmerksam –
oder sollten es zumindest sein –, und der Redner bringt
Gedanken zum Ausdruck, die er sich sorgfältig zurechtge-
legt und in eine passende Struktur gebracht hat.

Gezieltes Eingehen auf ein Publikum, ihm ein Band aus-
gewählter Informationen zu unterbreiten in anregender,
sprachlicher Form, das ist der Sinn einer Rede. Man kann
seine Empfindungen anläßlich einer Taufe, einer Hochzeit
oder bei einem Todesfall weitergeben. Man kann in einem
Fachvortrag seinen Mitmenschen Neues und bisher Unbe-
kanntes vergegenwärtigen. In einem Jahresbericht auf einer Vereinsversammlung holt der Redner die Arbeit, die
Erfolge und die Fehlschläge aus 12 Monaten Vereinsleben
noch einmal ins Gedächtnis zurück, er zieht Bilanz und
weckt zugleich Erinnerungen. Das Plädoyer des Verteidi-
gers vor Gericht will andere Menschen sogar dazu bewegen,
die vorgetragenen Ansichten zu teilen. Die politische Rede
schließlich verfolgt mit dem Ziel »Stimmengewinn« eine
genau festgelegte Absicht.

Trotz der Verschiedenartigkeit der Gründe, die hinter
einer Rede stehen, ist allen Reden doch eines gemein: Sie
sprechen zugleich Herz und Verstand an. Ist darin das
richtige Verhältnis getroffen, so bleiben die Grundzüge der
Rede lange im Gedächtnis haften, die Rede wirkt eindrucks-
voll, sie kann sogar begeistern.

Angesichts einer solch vielfältigen Bedeutung des Sprechens und der Rede in unserem Leben nimmt es nicht wunder, daß aus dieser Art der Kommunikation schon eine Kunstrichtung geformt wurde: die Redekunst oder Rhetorik. Ein guter Redner oder Rhetor, der seinem Stil den angemessenen Schliff geben kann, überzeugend argumentiert und es versteht, die Zuhörer in seinen Bann zu ziehen, gehörte sowohl bei den alten Griechen als auch im Rom der Jahrhunderte um die Zeitwende zu den am meisten geachteten Leuten.

Im 20. Jahrhundert ist diese Art des Sprachkunstwerks etwas zurückgedrängt worden. Sprache wird nüchterner betrachtet, vielleicht auch nicht mehr so hoch geschätzt wie damals. Ein heutiger Redner sieht sich nicht mehr so hohen Anforderungen gegenüber.

Aber trotz alledem: Auch heute noch kann eine gut aufgebaute, überlegt durchstrukturierte und überzeugend vorgetragene Rede die Zuhörer erbauen und die Erwartungen mehr als zufriedenstellen.

Rhetorik heißt Redekunst

Das Wort *Rhetorik* stammt aus dem Griechischen und bezeichnet die Kunst der Rede. Das heutige Deutsch verwendet dieses Wort im positiven wie im negativen Sinn. Man kann die Äußerungen eines Menschen abfällig mit dem Satz »Das ist doch nur Rhetorik!« verdammen, man kann auch begeistert von »rhetorisch durchdacht« sprechen. Die Gründe für diesen offensichtlichen Widerspruch liegen in der Rhetorik selbst.

Rhetorik bezeichnet nämlich die Kunst, seinen eigenen Standpunkt durch eine Rede überzeugend darzulegen. Daran aber schließt sich der Wille an, auch seine Zuhörer in ihrem Denken und Handeln zu beeinflussen. Als nun in der Antike die Rhetorik in ihrer Blüte stand, kam es dabei gar nicht so sehr auf die Wahrheit an, sondern vielmehr auf die Kunst der Rede an sich. Diesen leichtfertigen Umgang mit der Wahrheit aber nahmen schon damals einige Zeitgenossen den Rhetoren übel. Der schlechte Beigeschmack hat sich bis heute erhalten.

Die Ursprünge der Rhetorik wurden von den Geschichtsforschung noch nicht aufgedeckt. Eine erste Blüte erlebte sie im Athen des 5. und 4. vorchristlichen Jahrhunderts. Für die alten Griechen zählte das Kunstwerk, das eine Rede darstellen sollte, und die Rhetorik lieferte dazu einen Katalog von Anweisungen und Richtlinien, um den Stoff aufzubereiten und vorzutragen.

3 Redesituationen kennt die Antike: die Rede vor Gericht, die Rede vor einer politischen Versammlung und die Rede auf eine Person anläßlich eines Festes.

Die Vorbereitung nach den Regeln der Rhetorik erstreckte sich über 5 Phasen. Zuerst vereinigte eine Stoffsammlung alle Gedanken des Redners zum gewählten Thema.

Anschließend wurde daraus eine Auswahl getroffen, die dem Ziel der Rede und der Situation angepaßt erschien. Die 3. Phase gab den Gedanken Gestalt und faßte sie in Worte. Es kam dabei auf eine reine und klare Sprache an. Die Rede mußte in ihrer Darstellung dem Thema und der Situation entsprechen. Die 4. Phase der Vorbereitung gab Hilfestellung zum Einprägen der Rede. Schließlich erteilte die letzte Phase Unterricht im wirkungsvollen Vortrag. Gerade von der Wirkung auf das Publikum hing damals der Erfolg der Rede ab.

Für *Isokrates,* der um 390 v. Chr. in Athen eine Rhetorenschule begründete, war die Rhetorik Grundlage des Geistes. Schon damals hatte er großen Erfolg mit seiner Pädagogik, die darauf abzielte, einen möglichst hohen Stand in Sprache und Stil zu erklimmen. Isokrates selbst war kein Redner, er schuf nur Schriftliches. Trotzdem wirkte sein Einfluß noch weit ins 19. Jahrhundert hinein. Der berühmteste griechische Redner hieß *Demosthenes.* Er, der von 384 bis 322 v. Chr. lebte, war vor allem ein Meister der politischen Redekunst.

Nach dem Niedergang der Rhetorik in der griechischen Kultur, der begleitet war vom Niedergang Athens, ließen die Römer die Redekunst erneut aufleben. Der erste römische Redner, der, aufbauend auf das griechische Vermächtnis, ein umfangreiches Regelsystem der Rhetorik schuf, war *Cato* der Censor. Berühmtester Redner in Rom aber war *Cicero,* allen, die je mit humanistischer Bildung nähere Bekanntschaft schlossen, bestens bekannt. Er lebte von 106 bis 43 v. Chr., und auch sein Ruhm begleitete die Nachwelt bis hinein ins 19. Jahrhundert.

Und dann, im 19. Jahrhundert, stieß sich die bürgerliche Gesellschaft an der in der Antike oftmals geübten Umkehrung der Wahrheit. Für die Vorstellungswelt der Romantik hatte die Sprache allein die Funktion des Informierens. Das Regelwerk der Rhetorik wurde als nutzlose Schulmeisterei abgetan. Man übersah dabei den hohen psychologischen

Wert dieser Reden, in die viel Lebensweisheit und Menschenkenntnis eingearbeitet wurden. Außerdem ist die Rhetorik im Grunde genommen eine hervorragende Methode, Problemen auf den Grund zu gehen, und sie zeugt von der bevorzugten Wertschätzung der Sprache.

Einige der rhetorischen Stilmittel, die die Redekunst hervorbrachte, können auch für den ungeübten Redner eine Hilfe darstellen, seiner Rede mehr Ausdruck und die gewünschte Wirkung zu verleihen.

Die 1. Regel für jeden Vortrag, jede Art von Rede, auch jeden anderen sachlichen Text betrifft die *Beispiele*. Um Abstraktes anschaulich zu gestalten, um die Phantasie anzuregen und vor dem geistigen Auge Bilder entstehen zu lassen, dienen Beispiele. Man kann an passenden Stellen der Rede kurze Anekdoten einfließen lassen, der Redner sollte Vergleiche ziehen oder kurze Erzählungen, kleine Geschichten einbauen.

»Wie zwei Glieder einer Kette sollt ihr euch einfügen in unsere Familie«, wäre ein Vergleich, gerichtet an das Brautpaar. Humorvolle Geschichten kann der Redner einbringen aus seinem eigenen Leben, als er noch jungverheiratet, als er noch verlobt war. Solche Textteile lockern die Rede auf, sie wird kurzweilig und das Vorgetragene für die Zuhörer greifbar. Außerdem fallen dann jedem eigene Erlebnisse ein, man kann sich identifizieren mit der Aussage, die die Rede beinhaltet.

Ein anderes, vielgebrauchtes rhetorisches Stilmittel ist die *Wiederholung*. Da gibt es die Möglichkeit, eines oder mehrere Wörter vom Ende des Satzes als Anfang des nächsten Satzes zu verwenden: »Die Ehe ist neu für euch. Neu für euch sind auch die Schwierigkeiten, die mit einer Ehe nun mal verbunden sind.«

Wirkungsvoll und besonders prägnant ist der mehrmalige Gebrauch des gleichen Satzanfangs, etwa wie im folgenden Beispiel: »Der schönste Tag im Leben soll heute sein. Der schönste Tag für mich als deinen Vater, der schönste Tag für dich als Bräutigam und der schönste Tag für unsere Braut, die heute deine Frau wurde.«

Möglich ist auch die Wiederholung der Satzstruktur, lediglich der Inhalt wechselt: »Ich will nun trinken auf das junge Paar, ich will trinken auf die Zukunft, und ich trinke auf das Glück unserer frischgebackenen Eheleute.«

Schließlich kann der Redner noch die sinngemäße Wiederholung anwenden, mit der eine Aussage bestätigt und verstärkt wird: »Ich hoffe nun, ihr beide werdet glücklich miteinander. Ich hoffe dies nicht nur, ich wünsche es mir von ganzem Herzen, und ich glaube es auch.«

Zwei Formen der Verstärkung einer Aussage sind *Chiasmus* und *Parallelismus*. Der Parallelismus hat seinen Namen von der parallelen Bauweise zweier Sätze: »Jung ist unser Hochzeitspaar, alt ist ihre Liebe.«

Beim Chiasmus, der Kreuzstellung, überkreuzt sich der Aufbau zweier Sätze, die im Grunde genommen parallel gebaut sind: »Eine Ehe zu schließen ist recht einfach, schwierig ist es, sie zu führen.«

Um den Stil der Rede anschaulicher zu gestalten, der Wortwahl Bildhaftigkeit zu geben, kann die *Umschreibung für einzelne Begriffe* herangezogen werden. Ein einfaches und gebräuchliches Beispiel dafür ist das Wort »Lebensgemeinschaft« für Ehe. Statt zu sagen »Wir wollen nun eine Rückschau halten«, kann der Redner auch die Umschreibung »Wir wollen nun eine kurze Reise in die Vergangenheit antreten« verwenden.

Eine Art Wortspiel stellt der Scheinwiderspruch, das *Paradoxon,* dar. Auch hier steht das phantasievolle Element im Vordergrund: »Wird in einer Ehe nicht gestritten, kann etwas nicht stimmen.« Damit läßt der Redner sein Publikum aufhorchen, er regt es zum Nachdenken, möglicherweise auch zum Schmunzeln an.

Ratsam ist es, die Zuhörerschaft mehrmals während einer Rede *direkt anzusprechen,* sie quasi zu beteiligen an

14

den Fragestellungen. Dazu dient der Einschub, der sich ganz speziell an das Publikum richtet: »Aber, verehrte Gäste, denken wir doch an unsere eigenen Flitterwochen!«

Auch die *rhetorische Frage* verfolgt diesen Zweck. Man stellt zwar faktisch eine Frage, doch wird darauf keine Antwort erwartet. Trotzdem fühlt sich jeder Zuhörer persönlich angesprochen, das vorher Gesagte wird verstärkt: »Sind wir uns da nicht alle einer Meinung?«

Über all diesen rhetorischen Möglichkeiten steht immer das *Gebot des mäßigen Gebrauchs*. Schlag auf Schlag rhetorische Stilmittel anzuwenden, erschlägt die Botschaft einer Rede. Das richtige Maß zu treffen, ist die wichtigste Aufgabe des Redners.

Die Aufbereitung der Rede

Am Anfang steht die Anrede

Jede der Musterreden hat eine passende Anredeformel, die in den meisten Fällen auch zutreffen dürfte. Trotzdem sollte der Redner sich informieren über die Art seines Publikums und sodann überlegen, wie er diese Leute mit den geeignetsten Worten ansprechen kann. Anredeformeln, mit denen man immer richtigliegt, können sein:

> *Verehrtes Brautpaar! Liebe Gäste!*
> *Meine Lieben!*
> *Meine lieben Kinder! Liebe Gäste!*
> *Liebes Brautpaar! Verehrte Verwandte und Freunde!*
> *Liebe Verwandte, liebe Freunde!*
> *Liebes Brautpaar! Meine lieben Freunde!*
> *Meine lieben Jungvermählten!*
> *Liebes Silberpaar!*
> *Hochverehrtes Jubelpaar!*

Es ist zwar auch möglich, mit der Anrede »Meine Damen und Herren!« zu beginnen, doch dieser Satz ist schon zu abgedroschen und für Anlässe wie Verlobung oder Hochzeit wohl auch unpassend und zu förmlich. Man kennt sich in aller Regel gut, der Kreis der Gäste trifft sich in ungezwungener Atmosphäre, und die meisten duzen sich.

Hüten sollte sich jeder Redner vor Anredeformeln wie »Verehrte Versammlung!« oder »Liebe Anwesende!«. Die Versammlung ist eine Sache, keine Person. Eine Anrede dieser Form paßt bestenfalls zu einer Vereinsversammlung. Und die Gäste nur als »Anwesende« zu bezeichnen, erscheint einigermaßen gedankenlos.

Mancher legt Wert auf besonderen Gruß

Es kommt auch bei Familienfesten ab und zu vor, daß wichtige Persönlichkeiten begrüßt werden müssen. Beispielsweise besucht in der Regel der Bürgermeister ein Paar, das diamantene oder eiserne Hochzeit hält. Oder der Pfarrer nimmt am Hochzeitsmahl teil. Vielleicht wurde ein Paar vom Bischof getraut und der schaut nun noch kurz herein. Diese besonderen Gäste sollten auch besonders erwähnt werden.

Heutzutage ist es üblich, die geistlichen Vertreter beider Konfessionen mit »Herr Pfarrer«, den evangelischen Geistlichen eventuell mit »Herr Pastor« anzusprechen. Die Anrede »Hochwürden« für einen katholischen Geistlichen ist veraltet und fast schon etwas lächerlich. Auch ein Vikar wird einfach mit »Herr Vikar«, ein Kaplan mit »Herr Kaplan« angesprochen.

Dagegen ist die Anrede »Exzellenz« für den Bischof überall noch üblich. Sollte man jedoch etwas gegen solche Spezialbezeichnungen haben, kann man auch ohne weiteres auf »Herr Bischof« ausweichen. Modernen Bischöfen ist dies sowieso meist lieber.

An Bürgermeister und Landräte wendet man sich ganz einfach mit deren Berufsbezeichnung, also »Herr Bürgermeister«, »Herr Landrat«.

Der Redner sollte sich kurz vor Beginn seiner Rede darüber ins Bild setzen, welche wichtigen Personen besonders zu begrüßen sind oder welche im Laufe seiner Rede erst noch eintreffen könnten. Da ist es dann zweckmäßig, eine Begrüßungsformel parat zu haben. Der Terminkalender solch vielbeschäftigter Leute ist bekannterweise immer überfüllt, und so geben sie selten verläßliche Zusagen für ihr Erscheinen, das zudem oft verspätet ist.

Passiert es dem Redner dann tatsächlich, daß ihm der Bürgermeister in die Festrede platzt, sollte er kurz unterbrechen. Durch die Ankunft des Gastes entsteht Unruhe in der Festgesellschaft. Der Redner begrüßt den Bürgermeister mit Worten wie:

> »An dieser Stelle will ich eine kurze Pause einlegen, denn nun hat sich auch unser Herr Bürgermeister eingefunden. Es ist mir eine besondere Freude, Sie, verehrter Herr Bürgermeister, in unserer Runde begrüßen zu dürfen.«

Erst wenn sich der neue Gast gesetzt hat und wieder Ruhe eingekehrt ist, fährt der Redner fort mit einer kurzen Zusammenfassung des zuletzt Gesagten. Das kann mit solchen oder ähnlichen Worten geschehen: »Ich sprach vorhin von der Verantwortung der Brautleute füreinander.« Daraufhin kann der Redner ohne weiteres im Text weitersprechen.

Jedem Redner ist es natürlich lieber, wenn die Ehrengäste schon von Beginn an dabei sind. Die Begrüßung ist dann wesentlich einfacher. Möglich wäre etwa folgendes Muster:

> »Liebes Brautpaar! Verehrte Gäste! Bevor ich mit meiner Rede beginne, möchte ich meiner Freude darüber Ausdruck geben, daß auch der Vertreter der Kirche, der diese Ehe gesegnet hat, mit uns feiert. Ihnen, verehrter Herr Pfarrer, gilt daher mein besonderer Gruß.«

Ganz speziell für unser Paar

Es gibt viele Möglichkeiten, die Musterreden in diesem Buch durch eigene Zusätze persönlicher und detaillierter zu gestalten. Ein Redner sollte diese Gelegenheit nicht auslassen.

Da bietet sich zunächst der *Lebenslauf* des Brautpaares oder des Jubelpaares an. Einige markante Punkte aus dem Leben zweier Menschen verleihen der Rede ein ganz individuelles Gepräge. Beispielsweise können Sie mit einer Art Gegenüberstellung arbeiten: Der Bräutigam wurde in X-Dorf geboren, die Braut in Y-Stadt. Der Bräutigam am

26. September, die Braut am 3. Mai. Es folgen weitere Daten über Kindergarten und Schule, über Berufsausbildung und Wohnung, über Geschwister, Eltern usw. Am Schluß dann jener Umstand, der die beiden Brautleute zusammenführte.

Eine andere Möglichkeit spezieller Zusätze ist die *Herkunft der Namen*. Es gibt Bücher, die schon für ein paar Mark zu haben sind und in denen Namen, Vornamen wie Nachnamen, geschichtlich zurückverfolgt werden. Der Redner kann vielleicht Gemeinsamkeiten aufspüren oder auch mit Gegensätzen arbeiten. Reizvoll ist es, berühmte Namensvettern und -basen mit einzubringen. Auf katholischen Hochzeiten können Verbindungen zu den Vornamen Heiliger hergestellt werden, deren Leistungen im übertragenen Sinn auf die Braut und den Bräutigam gemünzt werden.

So läßt sich über den häufig gewählten Vornamen »Stefan« sagen, daß er aus dem Griechischen stammt und eigentlich »der mit dem Siegeskranze« bedeutet. Der Name tritt oft als Heiligenname auf. Bekanntester Vertreter ist der hl. Stephanus, der seinen Gedenktag am 26. Dezember, dem 2. Weihnachtsfeiertag, hat und der geistlicher Hirte der ersten christlichen Gemeinde war. Berühmte Namensträger waren der deutsche Maler Stefan Lochner im 15. Jahrhundert, im 19. Jahrhundert der französische Dichter Stéphane Mallarmé und die deutschen Schriftsteller Stefan Andres, Stefan George und Stefan Zweig.

Bei den weiblichen Vornamen sei als Beispiel »Silvia« genannt. Dieser Name ist lateinischen Ursprungs und bedeutet »das Mädchen aus dem Wald«. In der römischen Sage ist Rhea Silvia die Mutter der beiden Gründer Roms, der Zwillinge Romulus und Remus. Auch als Mutter des hl. Gregor ist eine Silvia bekannt. Für die Verbreitung des Namens sorgte einmal Shakespeare mit seinem Drama »Die beiden Veroneser«, zum anderen wurde »Silvia« später gern schönen Frauen in der Literatur gegeben, besonders in der Schäferlyrik des 18. Jahrhunderts.

Auch *Geburtstage,* das *Datum* der Verlobung, der Hochzeit und das Datum vom Beginn der Freundschaft liefern Stoff für eine Rede. In Bibliotheken kann man nach Büchern suchen, die solche Angaben für jeden Tag des Jahres enthalten, in denen man nachschlagen kann, was beispielsweise am 16. Juli vor 10, 20 oder 25, vor 100, 200 oder 300 Jahren geschehen ist. Meist werden sich auch da Verbindungslinien ziehen lassen zum Brautpaar, zu seiner Zukunft oder zu Wünschen für das Brautpaar. Mit etwas Phantasie entsteht eine abwechslungsreiche, gehaltvolle Rede.

Bei einem Jubelpaar hilft der Erinnerung eine *Rückschau* zu den Ereignissen des Jahres der Eheschließung auf die Sprünge. So bescherte uns das Jahr 1950 politisch ein Wirtschaftsabkommen zwischen den USA und der Bundesrepublik, die sich im selben Jahr auch dem Europarat anschloß. Die Regierung der DDR erkannte die Oder-Neiße-Linie als deutsche Ostgrenze an, und in Korea setzte der Krieg ein. In Vence bei Nizza stellte der Maler Henri Matisse die künstlerische Innengestaltung einer von ihm geplanten Kapelle fertig, und die Schotten bauten das erste Dampfschiff mit Düsenantrieb. Solche Zusammenstellungen lassen sich, noch wesentlich ausführlicher, aus Jahrbüchern, Almanachen, Chroniken und Geschichtswerken in recht kurzer Zeit anfertigen.

Man muß auch nicht unbedingt ein Anhänger der Astrologie sein, um die Eigenarten der *Sternzeichen* des Hochzeitspaares zu untersuchen. Solche Charaktereigenschaften, die der Redner zum besten gibt und aus denen er dann – auf humorvolle Art – seine Schlüsse zieht, werden von jedem mit einem Schmunzeln angenommen. Jeder wird verstehen, wie die Ermahnungen gemeint sind, wenn es um die schlechten Eigenschaften der Sternzeichen geht. Auch hierfür gibt es Bücher, die den Geldbeutel nicht zu arg strapazieren und eine Menge Stoff bieten.

Vielleicht warten Sie auch schon lange darauf, ein bestimmtes *Gedicht,* eine *Verszeile* oder ein *Zitat* an den Mann oder an die Frau zu bringen. Sie haben schon lange eine kleine Sentenz auf Lager, die Ihnen am Herzen liegt, die Sie nur noch nicht vortragen konnten, weil sich keine Gelegenheit dazu bot. Eine Hochzeitsansprache ist der beste Zeitpunkt dafür. Es ist nur zu beachten: Ein Gedicht darf nicht zu lang sein, ein Zitat oder ein Sinnspruch muß sofort verstanden werden können. Es sollte nicht zu hintergründig sein und auch keine allzu abwegigen Anschauungen vertreten. Die Zuhörer müssen die Moral akzeptieren, sich vielleicht sogar mit der Aussage identifizieren können.

Dialekt und Hochdeutsch? – Dialekt oder Hochdeutsch?

Es ist immer schwierig für einen Redner, dessen Alltagssprache der Dialekt ist, seine Rede in Hochdeutsch vorzutragen. Die Musterreden dieses Buches sind natürlich in Hochdeutsch verfaßt. Sie vollständig in einen Dialekt zu transponieren, wäre die Aufgabe eines Könners; denn es muß ja nicht nur die Aussprache angepaßt werden, es kommen auch Änderungen in Grammatik und Satzbau hinzu.

Dagegen aber sollten gewisse Ausdrücke schon der jeweils landschaftsüblichen Umgangssprache entsprechen. Einfache Beispiele dafür sind die Wörter Samstag und Sonnabend, Semmel und Brötchen, Schreiner und Tischler. Jeder weiß selbst am besten, welche Begriffe in seiner Gegend den Vorzug erhalten und welche ganz und gar unüblich sind. Letztere sollten unbedingt ausgetauscht werden.

Ansonsten aber sei einem im Alltagsleben Dialekt sprechenden Redner geraten, lieber alles in Hochdeutsch vorzutragen, und zwar auch grammatikalisch richtig. Gerade Schnitzer im Bereich der Grammatik, die im Dialekt richtig sein mögen, wirken im hochdeutschen Vortrag ausgesprochen lächerlich und unbeholfen. Die Komik liegt in dem Eindruck: Da will einer und kann nicht so recht.

Andererseits aber tragen an passenden Stellen Ausdrücke aus dem geläufigen Dialekt sogar zur Verdeutlichung einer Aussage, zum bildhaften Gepräge einer Rede bei. Der Redner schildert den Sachverhalt zunächst in Hochdeutsch. Mit der Wendung: »Bei uns sagt man dazu ...« oder »In unseren Regionen heißt das dann ...« können die folgenden Dialektausdrücke überzeugend eingeleitet werden.

Üben, der Weg zum Erfolg

Sollten Sie sich endlich durchgerungen haben, auf der Hochzeit Ihres Sohnes, Ihrer Tochter oder Ihres Freundes eine Rede zu halten, so ist zu hoffen, daß Ihr Entschluß nicht erst am Vorabend der Feier gefallen ist. 2 – 3 Wochen Übung garantieren Ihnen nämlich schon zur Hälfte den gewünschten Erfolg. Also: Planen Sie genug Zeit ein für die Vorbereitung Ihrer Rede, auch wenn Sie die Rede gar nicht selbst schreiben wollen. Das Bewußtsein, die Rede sorgfältig »einstudiert« zu haben, verleiht Ihnen Sicherheit, wenn es ernst wird.

Nachdem die Rede überarbeitet ist, die vortragsreife Fassung also feststeht, sollten Sie zunächst darangehen, den Text abzuschreiben, und dies von Hand. Sind Sie nämlich geübt auf Ihrer Schreibmaschine, so könnte das Abtippen leicht zu einer rein mechanischen Tätigkeit geraten. Fertigen Sie Ihre Schreibmaschinenseiten jedoch nach dem »Zwei-Finger-Suchsystem« an, so sind Sie mit den Tasten zu beschäftigt, um noch auf den Text zu achten.

Eine Abschrift mit der Hand, angefertigt mit Ihrem Lieblingsstift, schafft genug Raum zum Nachdenken. Sie können Textstellen ausbessern, Wörter austauschen und lernen zugleich den Text kennen. Am besten wiederholen Sie die Abschrift mehrmals.

Fallen Ihnen unklare Textpassagen auf, so sollten Sie diese ändern oder ganz wegstreichen. Erst wenn die Rede vollständig einleuchtet, können Sie auch einen überzeugenden Vortrag abliefern. Passagen, die Ihnen wichtig erscheinen, die Sie besonders hervorheben wollen, unterstreichen Sie.

Danach machen Sie sich daran, sich die Rede geistig anzueignen. Mit dem Abschreiben haben Sie schon viel gewonnen. Sie müssen nicht die ganze Rede auswendig lernen, doch es ist von Vorteil, die einleitenden Sätze und den Abschluß im Kopf zu haben. Das hilft auch, Lampenfieber in Grenzen zu halten. Jedenfalls sollte Ihnen aber die gesamte Rede in ihren Grundzügen in Fleisch und Blut übergehen.

Recht vorteilhaft ist es, wenn Sie ein Tonband- oder ein Kassettengerät zur Verfügung haben. Tun Sie so, als trügen Sie Ihre Rede der versammelten Festgemeinde vor, und zeichnen Sie diesen Vortrag auf. Im Textblatt können Sie dann Pausen eintragen, sie legen schon vorher ein gewisses Sprechtempo fest und haben eine Kontrolle über Ihre Sprechweise.

Da Sie in der Hauptsache Ihr Publikum und nicht das Textblatt ansehen sollten, nützt es sehr, wenn Sie schon vorher das Auffinden von Textstellen trainieren. Erst zu dem Zeitpunkt, an dem Sie Ihren Text genau kennen, macht es auch kaum Schwierigkeiten, die richtige Textstelle wiederzufinden.

Schließlich sollten Sie noch Mimik und Gestik üben, und zwar vor dem Spiegel. Seien Sie kritisch mit sich selbst, wenn Sie Ihr Spiegelbild beobachten. Und denken Sie nur nicht, das sei lächerlich. Gute Redner verfahren nicht anders.

Noch ein Tip: Tragen Sie Ihre Rede auf dem Fest vom selben Blatt vor, das Sie zum Üben benutzt haben, ganz gleich, wie sehr es schon mit Anmerkungen übersät ist. Das geht sowieso nur Sie etwas an. Außerdem wird sich keiner für die Vorlage interessieren. Nicht nur die Rede, auch der Fahrplan zur Rede muß Ihnen vertraut sein.

Das Auftreten des Redners

Jeder Redner, selbst der versierteste, kennt zumindest ein Quentchen *Lampenfieber*. Erfahrene Stars im Showgeschäft meinen sogar, das gehöre dazu wie die Hitze zum Feuer, ohne Lampenfieber sei der ganze Auftritt nichts wert.

Ein Auftritt besonderer Art ist auch die öffentliche Rede. Man begibt sich vor ein Publikum und spricht, man ist auf sich alleingestellt, der Kritik vieler Menschen ausgesetzt. Für den ungeübten Redner, der vielleicht nur einmal in seinem Leben spricht, weil seine Tochter heiratet und er ihr eine Freude machen will, kann Lampenfieber jedoch zu einem schwerwiegenden Problem werden.

Patentlösungen dagegen gibt es nicht, und Beruhigungs-pillen sind auch kein gangbarer Ausweg. Aber es gibt doch Hilfen, die das Lampenfieber, die Aufregung vorher, abmil-dern. Am besten noch nutzt eine sorgfältige, gewissenhafte Vorbereitung über einen längeren Zeitraum hinweg, so daß das Gefühl entsteht: Mir kann ja gar nichts passieren, ich kenne mich aus in meiner Rede.

Beherzigen Sie also die Vorschläge im vorigen Kapitel zur Vorbereitung einer Rede. Bemühen Sie sich vor Beginn der Rede um Konzentration, und seien Sie nicht nervös und fahrig, wenn Sie sich erheben. Einige Sekunden schweigen, einige Sekunden die Augen schließen, das kann viel von der Erregung nehmen.

Nun kann die Rede beginnen. Der Redner steht von seinem Sitzplatz auf. Der nun sollte nicht gerade in der hintersten Ecke des Raumes sein. Die Gäste wollen sich ja nicht die Hälse verrenken, um den, der da spricht, zu sehen. Falls sich aber keine bessere Sitzordnung anbot, begibt sich der Redner eben an eine geeignetere Stelle des Raumes. Er kann zum Brautpaar gehen, dort gratulieren und dort auch gleich seine Ansprache halten. Möglicherweise kennt das Brautpaar seine Absicht schon, hat ihn vielleicht sogar selbst darum gebeten, die Festansprache zu halten. Dann wird es wohl einer der Gäste am Brauttisch übernehmen, ans Glas zu tippen. Dies ist die gebräuchlichste Methode, sich Gehör zu verschaffen.

Bei Vereinssitzungen gibt es dafür Tischglocken. Ihr Gebrauch ist zwar etwas pompös, auf der anderen Seite aber ausgesprochen wirkungsvoll. Besonders beim Polterabend, der wesentlich ausgelassener und formloser verläuft als Verlobung oder Hochzeit, bietet sich diese Lösung geradezu an und kann die erste Heiterkeit auslösen.

Zweckmäßigerweise stellt sich der Redner zunächst vor. Oft kennt sich die weitere Verwandtschaft der beiden Brautleute noch gar nicht. Das *Vorstellen* geschieht völlig unkompliziert mit einigen Worten, etwa:

> »Für diejenigen, die mich noch nicht kennen: Mein Name ist . . ., und da mir das Schicksal und die Eltern der Braut das Amt der Patin zudachten, möchte ich mich heute für diese Ehre mit einer Rede bedanken.«

Sprechen Sie locker, und vermeiden Sie es, in Ihrer Sprache irgendwie »hochgestochen« zu klingen. Dies wirkt verkrampft und gekünstelt und zerstört die beste Rede. Sie wissen vorher, welche Gäste kommen, und sind daher in der Lage, sich auf das Publikum einzustellen.

Ihre *Lautstärke* muß den Raumverhältnissen angepaßt sein. Sprechen Sie lieber etwas lauter als nötig, schreien Sie aber nicht. Ein gelegentlicher Wechsel in der Lautstärke weckt zudem die Aufmerksamkeit. Falls Sie dazu neigen sollten, des öfteren den letzten Teil eines Worts zu »verschlucken«, so müssen Sie besonders konzentriert auf Ihre Sprechweise achten. Auch bei einer akustisch hervorragend verständlichen Rede wirkt sich Nuscheln störend aus.

Ihren *Tonfall* können Sie schon durch die verschiedene Betonung von Satz- und Textteilen variieren. Sollten Sie zu den Schnellsprechern gehören, so halten Sie sich immer vor Augen, daß Sie keinen Rekord aufstellen müssen. Mäßigen Sie Ihr *Tempo,* und legen Sie ab und zu eine Pause von 1 oder 2 Sekunden Länge ein. Indem Sie hin und wieder Ihr Sprechtempo ändern, können Sie ebenfalls Abwechslung erzeugen.

Auf alle Fälle sollten Sie sich davor hüten, Ihren Text herunterzuleiern, ihn in monotoner Weise abzulesen. Dies vermittelt den Eindruck, als ob Sie selbst Ihre eigene Rede gar nicht interessiert. Da wird Ihr Publikum ebenfalls schnell die Aufmerksamkeit verlieren.

Die *Hände* sollten Sie ruhig halten, nicht verkrampfen, doch auch nicht dauernd »mitreden« lassen. Eine wohldosierte Gestik mit der einen Hand – in der anderen halten Sie das Blatt – unterstützt das Gesprochene, vereinigt Redner und Rede zu einer Einheit. Südländische Begeisterung ist zwar mitreißend und erfrischend, bei einer Ansprache wirkt sie jedoch störend und lenkt ab von dem, was Sie zu sagen haben.

Obwohl es einfach und sicher wäre, den Text einfach vorzulesen, sollten Sie trotzdem nicht auf diese Art des Vortrags verfallen, sondern möglichst viel *Blickkontakt* halten mit den Zuhörern. Entweder Sie sehen ins Publikum, oder aber, was noch besser ist, Sie wenden sich direkt an die Angesprochenen, also in den meisten Fällen ans Brautpaar.

Zum Gelingen trägt auch die *äußere Erscheinung* des Redners bei. Die Kleidung sollte dem Anlaß entsprechen, bei Verlobung und Hochzeit etwas förmlicher, nicht zu elegant, nicht »geschniegelt«, beim Polterabend leger. Gepflegt sollte Ihr äußeres Erscheinungsbild allemal sein. So erwecken Sie von vornherein Sympathie und damit auch die Bereitschaft, Ihren Worten zuzuhören.

Zu übelmeinenden Störungen, wie Zwischenrufen, Pfiffen und ähnlichem, wird es kaum kommen. Doch es kann Ihnen schon passieren, daß der Kellner ausgerechnet während Ihrer Rede stolpert und das Tablett mit den gefüllten

Gläsern polternd und klirrend in Richtung Fußboden beför-
dert. In dieser Situation heißt es Ruhe bewahren und die
Übersicht nicht verlieren.

Unterbrechen Sie Ihre Rede, und zügeln Sie Ihre – ver-
ständliche – Mißbilligung. Senden Sie möglichst keine stra-
fenden Blicke aus. Ein Lächeln und eine witzige Bemer-
kung, wie »Ich dachte, ihr hattet schon Polterabend« oder
»Was wäre mit unserer Glasindustrie ohne solche Scherben?«, lockern die Stimmung auf, wischen für den Kellner
die Peinlichkeit weg und tragen Ihnen die Sympathie der
Gäste zu. Das Personal wird sich dann sofort bemühen und
die Scherben unverzüglich beiseite räumen. Erst dann, nicht
eher, fahren Sie in Ihrer Rede fort. Mit einigen anknüpfen-
den Worten, etwa »Ich sprach vorhin von . . .«, können Sie
den Faden wieder aufnehmen.

Sobald Sie bei den letzten Sätzen Ihrer Rede angelangt
sind, legen Sie zum äußeren Zeichen das Blatt beiseite. Den
Schluß sollten Sie möglichst auswendig vortragen können.
Da meistens ein Trinkspruch die Rede beendet, erheben
Sie dazu Ihr Glas.

Nun bleibt nur noch, Ihnen dabei viel Glück zu wünschen,
wenn Sie antreten, um einem Paar mit einer Rede Glück zu
wünschen.

Reden zur Verlobung

Der Vater oder die Mutter der Braut spricht

Liebe Gäste!
Müßte ich diese Verlobung mit einer Überschrift versehen, so würde ich dafür das Sprichwort »Aller Anfang ist schwer« wählen. Denn dieser Satz trifft auf den heutigen Tag in mehrfacher Weise zu.

Für mich ist es heute nämlich das erste Mal, daß es mir nicht gelang, mich vor einer Rede zu drücken. Festliche Anlässe, bei denen ich hätte üben können, gab es zwar in der Vergangenheit genug, doch ich zog es bisher immer vor zu schweigen.

Und so stehe ich denn als absoluter Neuling in der Kunst der Rede vor euch. Darum will ich meine Zuhörer auch um Nachsicht bitten und sogleich an ein anderes Sprichwort erinnern: »Es ist noch kein Meister vom Himmel gefallen«.

Zum zweiten muß ich heute erstmals ganz offiziell zugeben, daß mir meine Tochter nun wohl endgültig aus der väterlichen (mütterlichen) Kontrolle geraten ist. Böse Zungen behaupten sogar, dies sei schon lange der Fall, ich hätte es nur noch nicht bemerkt.

Wie dem auch sei, der Anfang wird auch hier schwerfallen. Wenn man es nämlich gewohnt ist, sich um seine Kinder zu kümmern, für sie mitzudenken, wenn man an ihnen gerne noch ein bißchen herumerziehen würde, so dauert es schon eine Weile, bis man sich nicht mehr einmischt in die Belange der erwachsenen Tochter. Die schickt sich ja nun an, eine eigene Familie aufzubauen, und wie sich jeder denken kann, ist da der gute Rat der Eltern nicht immer teuer und willkommen.

Zu guter Letzt ist auch für meine Tochter und ihren Zukünftigen aller Anfang schwer. Für meine Tochter ist dies – wenn mich meine Erinnerung da nicht trügt – die erste Verlobung. Nebenbei gesagt, liebe ... (Vorname der Braut), ich hoffe doch sehr, es bleibt auch die einzige.

Wie ich sehe, ist der junge Mann an deiner Seite derselben Meinung. Da ich doch auch annehme, daß es für meinen zukünftigen Schwiegersohn eine Premiere ist, kann ich mir gut vorstellen, daß es euch beiden noch einige Schwierigkeiten bereiten wird, euch in die neue, unbekannte Situation einzufügen.

Wenn man so eine Beziehung eingeht, so übernimmt man ja auch gleichzeitig Verantwortung. Zum einen werden die beiden Brautleute füreinander verantwortlich sein, zum anderen tragen sie auch die Verantwortung für ihre Beziehung. Ich bin jedoch recht zuversichtlich. Ihr beide werdet schon die Hürden überwinden, die euch das Leben mit aller Gewißheit noch in den Weg stellen wird.

Diese Verlobung bahnte sich für uns Eltern ohne großes Getöse, fast unmerklich an. Der einstige Teenager hat sich zur jungen Frau gemausert und sich gleichzeitig einen Anwärter auf das Amt des Ehemannes zugelegt. Wir Eltern erfuhren das allerdings – wie üblich in solchen Angelegenheiten – zuletzt.

Anfangs bemerkten wir nur, wie die gemeinsamen Abende abnahmen und wie sich der Zapfenstreich hartnäckig in Richtung Mitternacht und darüber verschob. Um den Fernseher versammelten sich nicht mehr die üblichen drei Personen, son-

dern nur mehr zwei. Mit der Zeit sahen wir das Fräulein Tochter bloß noch bei den Mahlzeiten. Ein Lob dem Appetit, der es uns ermöglichte, wenigstens hin und wieder ein paar flüchtige Worte mit ihr zu wechseln. Das Küßchen für Papa hatte ja schon lange aufgehört – es mußte wohl aufgespart werden.

Wenn es einmal so weit ist, begreift man, daß da etwas im Busch ist. Zwar soll es vorkommen, daß Eltern selbst jetzt noch ahnungslos sind, doch wir beide, meine Frau und ich (mein Mann und ich), gestanden uns doch ein klein bißchen Erfahrung in Liebesdingen zu. Und so dauerte es auch nicht mehr allzulange, bis unsere ... (Vorname der Braut) eines Tages mit eben jenem jungen Mann in der Tür stand, der ihr jetzt dort drüben verdächtig nahe kommt.

Zuerst beäugten wir ihn natürlich kritisch. Schließlich ist man sich als Vater und als Mutter der Verantwortung bewußt, auch wenn wir einsahen, daß man heutzutage die Wahl der Tochter kaum mehr beeinflussen kann.

Doch nach erfolgter Begutachtung kann ich nun voller Überzeugung sagen, daß wir uns über diese Verlobung, die wir heute feiern, ehrlich freuen. Und dies aus mehreren Gründen: Wir freuen uns über den guten Geschmack unserer Tochter. Sie traf die richtige Wahl. Wir freuen uns auch über die Erweiterung der Familie. Der Zukünftige bringt ja nicht nur sich, sondern auch seine Eltern und Geschwister mit. Sie alle sollen nun auch offiziell herzlich begrüßt sein im Kreis der Familie. Inoffiziell stehen wir sowieso schon längst auf du und du.

Dann war die Freude groß, als wir von der geplanten Verlobungsfeier hörten. Heutzutage, im Zeitalter der »Ehe ohne Trauschein«, tut man eine

Verlobung und erst recht eine Verlobungsfeier all-
zuleicht als altmodisch ab.

Zu guter Letzt aber bringt diese Verlobung auch
Hoffnung. Da der Hochzeitstermin schon im Ge-
spräch ist und da ich weiß, wie kinderlieb beide
sind, dürfen wir nun auch den Enkelkindern voll
Freude entgegensehen, mit denen sich dann der
Kreis wieder schließen wird.

Auch der Kreis meiner Rede schließt sich nun.
Ich bin froh, daß sie heraus ist. Ich konnte die
wichtigsten Gedanken zur heutigen Feier loswer-
den. Und so möchte ich zum eingangs gesagten
Sprichwort »Aller Anfang ist schwer« hinzufügen:
»Wer niemals anfängt, bringt nie was zustande«.

Trinken wir also auf diesen Anfang eines ge-
meinsamen Lebens. Liebe . . . (Vorname der Braut),
lieber . . . (Vorname des Bräutigams), *mögen sich*
euere Wünsche und Hoffnungen für die gemein-
same Zukunft erfüllen!

Der Vater oder die Mutter des Bräutigams spricht

Verehrte Verwandte! Liebe Freunde! Meine lieben Kinder!

Selbst auf die Gefahr hin, daß ich einigen als altmodisch erscheinen könnte – ich bin stolz und zufrieden, daß sich mein Sohn und seine zukünftige Frau für eine ganz offizielle Verlobung entschieden haben.

Eine Verlobung mit Sekt, mit Ringwechsel und mit öffentlicher Bekanntgabe ist etwas sehr Feierliches und Erhebendes, so ein Fest unterstreicht die Wichtigkeit des Anlasses. Heute neigt man zwar dazu, das als zu dick aufgetragen oder sonstwie abfällig anzusehen, doch warum eigentlich? So oft verlobt man sich ja nicht, viele tun dies nur ein einziges Mal in ihrem ganzen Leben. Und etwas Einmaliges, finde ich, kann man schon gehörig feiern.

Gemeinhin bezeichnet man ja den Hochzeitstag, also den Tag der Vermählung, als den wichtigsten Tag im Leben. Das mag schon zutreffen, denn an diesem Tag wird eine langgehegte, weit in das zukünftige Leben reichende Absicht besiegelt und beurkundet. Das junge Paar gründet einen eigenen Hausstand und eine eigene Familie.

Trotzdem würde ich aber sagen, die Verlobung ist mindestens genauso wichtig. Schließlich muß alles, was an der Hochzeit ausgeführt wird, schon vorher geplant sein. Und eben die Absicht dieser Planung wird mit der Verlobung bekanntgegeben. Sie ist das Eheversprechen, das die gemeinsame Zukunft einläutet.

Der Hochzeitstermin steht da meist schon fest, oder man weiß ihn zumindest ungefähr. Die gemeinsame Wohnung wird eingerichtet, und so nach und nach lernen beide Partner die weitere Verwandtschaft des anderen kennen. Wenn ich das so betrachte, erscheint mir die folgende Hochzeit schon fast nur mehr als eine Formsache.

Da fällt mir nun aber auf: Auch diese Verlobung, die wir heute feiern können, war eigentlich nur mehr Formsache. Überrascht war jedenfalls keiner mehr davon. Schließlich fing es ja schon vor mehreren Jahren an, als mein Sohn eines Tages einen Gast mit nach Hause brachte. Einen weiblichen Gast, etwa in seinem Alter, vielleicht etwas jünger. Und damals war es durchaus nichts Alltägliches, daß unser Sohn weibliche Gäste mitbrachte. Doch wer dachte zu dieser Zeit schon an ein zukünftiges Brautpaar? Wir leben ja im auslaufenden 20. Jahrhundert. Da ist es eben normal, wenn Freundschaften zwischen zwei jungen Menschen von Zeit zu Zeit wechseln.

Doch diese Freundschaft ging nicht wieder auseinander. Im Gegenteil, sie wuchs mit der Zeit und festigte sich. Sie bestand die Prüfungen und brach auch bei kleinen Zwistigkeiten nicht auseinander.

Ihr beide, liebe... (Vorname der Braut) und lieber ... (Vorname des Bräutigams), wart euch natürlich schon von Anfang an sicher, daß ihr einmal heiraten und eine gemeinsame Familie in einem gemeinsamen Hausstand gründen würdet. Das ist meist so bei Jungverliebten. Daß es dazu aber tatsächlich kommen würde, bewies erst die Zeit. Erst als jeder sehen konnte, wie diese Freundschaft sich bewährte und sogar die Jahre vom Teenager zum Erwachsenen überdauerte, da zweifelte keiner mehr daran, da war sicher: Hier gibt es irgendwann noch eine Ehe. Und eben diese Absicht, aus der Freundschaft eine Ehe zu machen, wollt ihr, liebe... (Vorname der Braut) *und lieber ...* (Vorname des Bräutigams), *heute, vor Zeugen sozusagen, besiegeln.*

Die Aussichten für die Zukunft unseres jungen Paares würde ich nur als günstig bezeichnen. Sicher, keiner kann vorhersagen, was die Jahre noch bringen werden, doch ein bißchen abschätzen, ob die Startpositionen gut oder schlecht sind, kann man doch.

Zum guten Gelingen bringen beide, unser Sohn wie seine zukünftige Frau, eine solide Berufsausbildung mit. Sie befinden sich zwar erst am Beginn einer beruflichen Karriere, doch alle Türen stehen ihnen offen. Finanziell brauche ich mir also keine Sorgen zu machen.

Was aber viel wichtiger ist und worüber ich mir ebenfalls den Kopf nicht zu zerbrechen brauche: Auch die Familie meiner zukünftigen Schwiegertochter ist von jener Art, die man sich als Vater (als Mutter) nur wünschen kann. Es ist schließlich nicht unerheblich für die Dauer einer Ehe, ob sich die Eltern der Brautleute und die Geschwister gut verstehen, ob sie ohne Streit und Eifersüchteleien miteinander auskommen. Ein schlechtes Familienklima würde sich auch ungünstig auf die jungen Ehepartner auswirken.

Wir alle wollen das unsrige dazu beitragen, damit die Harmonie in der Familie auch all die kommenden Jahre erhalten bleibt. Und da ich fest an die Erfüllung dieses Vorsatzes glaube, kann ich nun zufrieden mein Glas erheben und auf das junge Paar trinken. Liebe... (Vorname der Braut), *lieber ...* (Vorname des Bräutigams), *werdet glücklich miteinander!*

Ansprache der Großeltern

Verehrte Gäste! Meine lieben Kinder und Enkel! Selten gibt es ein Fest wie das heutige zu feiern, weil man in den letzten Jahren davon abgekommen ist, um die Verlobung viel Aufwand zu treiben. Um so mehr fühle ich mich als Großvater (als Großmutter) des Bräutigams (der Braut) dazu verpflichtet, dem jungen Paar einige Worte in die Erinnerung an dieses Fest zu bringen.

Als Opa oder Oma steht man den Enkeln ja völlig anders gegenüber als den eigenen Kindern. Man hat zwar ein gewisses Maß an Erziehung mitzugeben, doch warum sollten sich die Großeltern noch viel mit Erziehung abgeben? Dafür sind schließlich die Eltern da. Die werden das schon machen.

Wer unter den Gästen selbst schon den Titel »Großvater« oder »Großmutter« trägt, wird mir zustimmen: Es macht viel mehr Spaß, die Enkel ein bißchen zu verwöhnen, ihnen hin und wieder heimlich etwas zuzustecken oder gar ab und zu – wenn's keiner merkt – die Erziehungsanstrengungen der Eltern zu unterlaufen, als dauernd mit erhobenem Zeigefinger hinter den Enkeln herzulaufen und an Verbote zu erinnern. Ich möchte sogar so weit gehen und behaupten, daß es zum Aufgabenbereich der Großeltern gehört, auf diese Weise den Gegenpol zu den Eltern zu spielen.

Man kann es ja an den beiden Heiratskandidaten sehen, die wir heute feiern. Aus ihnen sind zwei anständige, rechtschaffene junge Leute geworden, die ihr Leben selbst meistern werden. Und ich habe die Vermessenheit, mir einzubilden, daß ich daran nicht ganz unschuldig bin. Neben der – zugegeben notwendigen – Strenge der Eltern braucht es eben einen Ausgleich.

So ist mein inneres Glücksgefühl, das ich heute angesichts unseres Festes empfinde, besonders groß. Außerdem ist eine Verlobung, ebenso wie eine Hochzeit oder eine Taufe, ein ausgesprochen freudiges Familienereignis. Sie zeigt, daß sich eine anfänglich gar nicht so stabile Beziehung gefestigt und bewährt hat. Der stürmische Liebestaumel zu Beginn verführt ja allzuleicht dazu, die Welt und den Partner nur in rosaroten Farben zu sehen.

»O zarte Sehnsucht, süßes Hoffen,
Der ersten Liebe goldne Zeit!
Das Auge sieht den Himmel offen,
Es schwelgt das Herz in Seligkeit.«

So dichtete Schiller in seinem »Lied von der Glocke«. Und Schiller kannte sich da aus. An einer anderen Stelle desselben Gedichts sagt er:

»Drum prüfe, wer sich ewig bindet,
ob sich das Herz zum Herzen findet!«

Unsere beiden jungen Leute beherzigten diesen Rat. Als Ergebnis besiegeln sie heute das Versprechen, sich zu heiraten.

Mir bringt dieser Tag viel Freude, das sagte ich schon. Zusätzlich bringt er mir aber auch etwas anderes, etwas sehr, sehr Wichtiges, für einen Menschen überhaupt und für einen Menschen meines Alters insbesondere. Dieser Tag bringt mir Erinnerung.

Heute denke ich an meine eigene Jugend, als es noch nicht so selbstverständlich war, sich die Ehefrau oder den Ehemann einfach auszusuchen, sich also sozusagen selbst zu finden, um dann den Haushalt zusammenzuwerfen. Damals fühlten sich die Eltern noch berechtigt, ja geradezu verpflichtet, ein gewichtiges Wörtchen mitzureden. Man kann darüber streiten, ob es damals besser war oder ob das heutige Verfahren vernünftiger ist. Irrtümer wird es jedenfalls immer geben, denn niemand kann in die Zukunft sehen. Ich wünsche uns aber und ich glaube auch daran, daß die Entscheidung unseres jungen Brautpaares, das Leben gemeinsam anzupacken, richtig ist.

Nun will ich aber meine Rede doch noch mit einem klein bißchen Altersweisheit, soweit sie bei mir vorhanden ist, würzen. Vor langer Zeit einmal hat ein kluger Mensch gedichtet:

»Das ist im Leben häßlich eingerichtet,
   Daß bei den Rosen gleich die Dornen stehn.«
Und das möchte ich euch beiden, liebe ... (Vorname der Braut) und lieber ... (Vorname des Bräutigams), mit auf den Weg geben, als Maxime sozusagen, an die ihr immer denken solltet. Seid euch darüber im klaren, daß es nicht nur schöne Tage geben wird, sondern auch ein ganzer Haufen Schwierigkeiten auf euch zukommt. Denkt aber auch daran: Es stehen nicht nur die Rosen bei den Dornen, es gilt auch das Umgekehrte. Bei den Dornen stehen die Rosen, nach schlimmen Tagen kommen auch wieder gute Tage.

Und um euch gleich eine Hilfestellung anzubieten, will ich euch ein kleines, unscheinbares, aber um so bedeutsameres Wort ans Herz legen. Es ist ein Wort, das leider viel zu oft übersehen wird in unserer schnellen, rastlosen Zeit. Das Wort heißt »Geduld«.

Ein arabisches Sprichwort sagt: »Geduld ist der Schlüssel zur Freude«. Und unser Dichterfürst Goethe hat erkannt:

»Glaube nur, du hast viel getan,
   wenn du dir Geduld gewöhnest an.«

Da aller guten Dinge drei sind, will ich euch auch noch einen Spruch von Karl Simrock dazulegen.

»Die Staude der Geduld ist bittrer Art,
doch endlich bringt sie Früchte
süß und zart.«

Nun aber genug der guten Ratschläge und der schlauen Sprüche. Es wird Zeit, daß wir zu feiern anfangen und keine so ernsten und schweren Gedanken mehr wälzen. Ich darf also mein Glas erheben und auf das junge Brautpaar trinken. Liebe . . . (Vorname der Braut) *und lieber . . .* (Vorname des Bräutigams), *all meine guten Wünsche widme ich eurer Verlobungszeit und eurer gemeinsamen Zukunft als Ehepaar. Möge diese Zukunft so gut verlaufen und so angenehm ausfallen, wie ihr beide sie euch vorstellt! Zum Wohl!*

Verlobungsansprache eines Gastes

Verehrte Freunde!
Bevor wir richtig zu feiern anfangen, erlaubt mir,
ein paar Worte zu sagen, auch auf die Gefahr hin,
daß der eine oder andere nun gähnen sollte und
gelangweilt denkt: Schon wieder so einer, der den
Mund nicht halten kann. Wir haben uns schließlich
hier versammelt, um ein frischgebackenes Braut-
paar hochleben zu lassen, um für die Verlobungs-
zeit dieser jungen Leute dort quasi den Startschuß
zu geben. Und damit auch alles stilecht zugeht,
meine ich, darf doch eine Rede nicht fehlen.

Ihr beide, liebe ... (Vorname der Braut) *und*
lieber ... (Vorname des Bräutigams), *habt euch*
nun ein Ziel gesetzt, das ihr, aller Wahrscheinlich-
keit nach, auch verwirklichen werdet, nämlich eure
Hochzeit. Sie soll bald stattfinden, und dann wer-
det ihr wieder ein Ziel in eurem Leben erreicht
haben.

Gerade das, ein Ziel im Leben zu erreichen, ist
sehr wichtig für uns Menschen. Das fängt schon in
der Kindheit an. Ist man noch in der Schule, so
stellt der Schulabschluß das größte Ziel dar. Mit
Ungeduld wird der Tag herbeigesehnt, an dem man
endlich das Schlußzeugnis in Händen hält. Und ist
es dann soweit, fühlt man fast ein bißchen Wehmut
im Herzen, nun endgültig von der Schulbank ver-
bannt zu sein. Ein Zurück gibt es nicht mehr.

Doch die Wehmut hält nicht lange an, da schon
das nächste Ziel ins Auge gefaßt wurde: der Beruf.
Man beginnt eine bestimmte Ausbildung, in der mit
viel Energie und Ausdauer der Abschluß ange-

strebt wird. Die jungen Leute sind dann oft selbst darüber erstaunt, welche Kräfte sie entwickeln, um das Ziel zu erreichen.

Und wieder wird nach einigen Jahren ein Markstein im Leben eines Menschen gesetzt sein. Nun breiten sich auch schon ganz genaue Vorstellungen vom späteren Leben aus. Der eine wünscht sich erst einmal ein Auto, mit dem er ungebundener zu sein glaubt und mit dem er dann, als nächstes Ziel, weite Reisen unternehmen kann. Der andere spart schon auf den Hausbau, und der dritte steht möglicherweise am Anfang einer aussichtsreichen beruflichen Karriere.

Für unser junges Paar hier hieß das angestrebte Ziel, nachdem beide ihren Berufswunsch verwirklicht hatten, Heirat. Und gerade dieser Markstein soll nächstens verankert werden. Die Vorbereitungen dazu sollen mit dem heutigen Tag und in der kommenden Verlobungszeit getroffen werden.

Nach den tollen Jugendjahren, die zwar ungebunden, doch auch recht zerfahren sind, kehrt wieder Ordnung ein im Leben dieser beiden Menschen. Was dabei am wichtigsten ist: Diese Ordnung ist nicht von irgend jemandem vorgeschrieben, diese Ordnung schaffen sich die beiden selbst. Sie und niemand anders haben entschieden, daß sie ihrem Leben einen gemeinsamen Sinn geben wollen. Ich kann euch beiden, liebe . . . (Vorname der Braut) *und lieber . . .* (Vorname des Bräutigams), *nur meinen Glückwunsch dazu aussprechen. Denn wie sagt schon Goethe in seinem »Wilhelm Meister«?*

»Wer sich der Einsamkeit ergibt,
   Ach, der ist bald allein.«
Wenn ihr beide, liebe . . . (Vorname der Braut) *und lieber . . .* (Vorname des Bräutigams), *es richtig anpackt, so wird es euch nicht passieren, allein zu*

sein. Den Schritt in die richtige Richtung tut ihr mit dem heutigen Tag. Ihr gebt euch das Eheverspre- chen und damit auch das Versprechen, ein ganzes Leben beieinander zu bleiben. Und ich kann es mir wohl auch ersparen, darauf hinzuweisen, welch große Kunst es ist, ein ganzes Leben lang miteinan- der auszukommen. Die meisten Menschen haben es versucht, viele haben es geschafft, mancher mehr schlecht als recht, doch viele sind auch gestrandet.

Wie ich euch beide kenne, dürfte es da keine Schwierigkeiten geben. Ihr paßt zusammen, ihr habt viele gemeinsame Berührungspunkte, und wo es die noch nicht gibt, werdet ihr euch irgendwie welche schaffen, so daß ihr euer Ziel, die gemein- same Zukunft, erfüllen könnt.

Und da bin ich auch wieder bei den Zielen ange- langt, die im Leben der Menschen so wichtig sind. Euer Ziel ist nun die Ehe. Ihr werdet es in nicht allzulanger Zeit erreicht haben. Danach werdet ihr euch neue Ziele stecken. Vielleicht wollt ihr zuerst die noch recht kleine Familie erweitern, vielleicht wollt ihr euch erst einen Grundstock für die Familie schaffen, ein Haus bauen, oder vielleicht werdet ihr erst mal reisen, das Leben zu zweit genießen.

Wie ihr es auch anstellt, was ihr beide, liebe . . . (Vorname der Braut) *und lieber . . .* (Vorname des Bräutigams), *auch vorhabt, wir alle hier wünschen euch Erfolg dabei. Werdet glücklich, macht keine Dummheiten und strebt mit all eurer Kraft nach den Zielen, die ihr euch setzt. Wir wünschen euch, die Marksteine eures Lebens unbeschadet und ohne Blessuren zu erreichen. Ich trinke auf das junge Brautpaar!*

Reden zum Polterabend

Ein Vereinskamerad des Bräutigams spricht

Verehrtes Brautpaar! Liebe Freunde und Vereinskameraden!
Der Polterabend ist traditionell der Abschied vom Junggesellendasein. Mit viel Getöse und einem Haufen Scherben, die gemäß dem bekannten Sprichwort Glück bringen sollen, begleitet er eine Junggesellin und einen Junggesellen in die Ehe. Da werden Rabauken solide, die streunenden Jünglinge werden zu gesitteten Ehemännern und die unkonventionellen jungen Damen zu treusorgenden Ehegattinnen. Hoffentlich!
Lieber ... (Vorname des Bräutigams), da auch du nun den schweren Entschluß gefaßt hast, dein Schiff im Hafen der Ehe vor Anker gehen zu lassen, wird dir eine Minderheit in unserem Verein mit trauervollen Blicken nachsehen. Gemeint ist die Minderheit unserer Junggesellen, eine kleine, aber bisher noch recht wirkungsvolle Gruppe im Verein, die ihren Willen fast immer durchsetzen konnte. Wie wird das jetzt werden, wenn sie eine so starke Stütze wie dich, lieber ... (Vorname des Bräutigams), verlieren?
Trotzdem, ich glaube, wir können alle damit rechnen, daß dieser Abschied vom Junggesellendasein nicht auch ein Abschied von den Vereinskameraden ist. Denn schließlich wirst du nicht auf einen gewichtigen Vorteil verzichten. Auch weiterhin kannst

du jederzeit mit der Rückendeckung des Vereins rechnen. Solltest du mal eine Ausrede brauchen – der Verein ist immer für dich da. Und solltest du es – nach den Flitterwochen, versteht sich – bei deiner Frau mal nicht mehr aushalten, so kannst du ja zu uns kommen. Eine Runde Karten und ein Bier, vielleicht auch zwei Bier oder drei, sind immer drin. Den Weg nach Hause mußt du danach allerdings allein finden. Schließlich gehören dir die Prügel auch alleine. Du mußt sie schon selber in Empfang nehmen.

Doch wer weiß, wahrscheinlich schätze ich da deine zukünftige Ehefrau vollkommen falsch ein. Und vielleicht hast du, liebe ... (Vorname der Braut), sogar selbst Lust, unserem Verein beizutreten. Jedenfalls will ich die Gelegenheit beim Schopfe packen und dich gleich dazu einladen, dich bei uns einschreiben zu lassen.

So ein Verein hat doch viele Vorteile. Sonst wären wir ja alle gar nicht drin. Die Freizeit, die uns sowieso schon längst über den Kopf wächst, ist sinnvoll genutzt. Man kann Öffentlichkeitsarbeit betreiben, indem man alle fünf Jahre ein Jubiläum begießt. Und außerdem ist unser aller Geld, das von den hohen Ausgaben zum Leben noch übrig bleibt, in der Vereinskasse bestens aufgehoben. Für dich, liebe ... (Vorname der Braut), gibt es noch einen weiteren Vorzug: Du verlierst nie die Kontrolle über deinen Mann.

Je mehr ich mir das nun überlege, um so besser gefällt mir dieser Gedanke, dich als neues Mitglied in unseren Verein aufzunehmen. Erfahrungsgemäß ist nämlich die Vereinsarbeit bei Ehepaaren am wirkungsvollsten, weil den beiden auch zu Hause vor dem Fernseher der Verein nicht aus dem Kopf geht. Im übrigen kann es da nicht zu Reibereien mit vernachlässigten Ehefrauen kommen.

Mir persönlich am wichtigsten aber ist der Umstand, daß man so junge Eheleute, wie ihr beide es sein werdet, immer wieder zur Lösung eines unausrottbaren Problems auffordern kann: zur Sicherung des Nachwuchses. Früher oder später, wahrscheinlich früher, werde ich mit diesem Thema auch zu euch kommen. Ich zähle da auf euer Verständnis und baue auf eure tatkräftige Mithilfe.

Da nun schon seit geraumer Zeit eine ganze Reihe der hier Versammelten mit ihren Füßen das Bohnerwachs zerkratzen, verstohlen gähnen, nervös mit den Fingern herumspielen und Bierdeckel in kleine Häufchen aus Pappfetzen verwandeln, will ich mich nun doch erbarmen und endlich zum Schluß kommen.

Erheben wir also unsere Gläser auf das junge Paar. Laßt mich meiner Freude darüber Ausdruck geben, daß es auch unseren allseits geschätzten Vereinskameraden . . . (Name des Bräutigams) *erwischt hat. Wir langgedienten Ehemänner wissen, was ihn nun erwartet. So wollen wir denn auf das Glück des jungen Paares trinken. Werdet zufrieden miteinander. Ich wünsche euch außerdem eine Horde Kinder und hoffe, daß eure Ehe nie in einem Scherbenhaufen enden wird. Unser junges Paar lebe hoch!*

Ein guter Freund spricht

*Liebe . . . (Vorname der Braut) und lieber . . .
(Vorname des Bräutigams)!*
*Nach vielen erfolglosen Debatten mit dir, lieber . . .
(Vorname des Bräutigams), starte ich nun meinen
endgültig letzten Versuch, dir das leidige Heiraten
doch noch auszureden. Vielleicht gelingt es mir
heute abend doch noch, dich von diesem folgenschweren Schritt, den du in einigen Tagen zu tun
beabsichtigst, zurückzuhalten. Ich gebe aber auch
gleich zu, meine Hoffnungen sind gering.*

*Lieber . . . (Vorname des Bräutigams), du solltest
dir noch einmal genau die Folgen für deine nächsten Verwandten und Freunde vor Augen führen,
Folgen, die deine Heirat unerbittlich nach sich ziehen wird.*

*Da sind zuerst deine Eltern. Sie werden dich in
Zukunft entbehren müssen. Da haben sie jahrzehn-
telang gebraucht, um sich an dich zu gewöhnen,
und jetzt, da sie es endlich geschafft haben, nimmst
du dir einfach eine Frau und ziehst aus.*

*Deine Mutter wird verkümmern, weil sie keine
Arbeit mehr mit dir hat. Sie wird die lange Reihe
schmutziger Schuhe vermissen, die sie nicht mehr
putzen muß, die Waschmaschine wird wegen Ar-
beitsmangel streiken, und für die neuen Rezepte
muß sich deine Mutter nun auch ein anderes Opfer
suchen.*

*Dein Vater aber wird sich recht verlassen vor-
kommen, weil er keinen mehr hat, der alles besser
weiß. Auch er kommt um seine Freizeitbeschäfti-
gung, die bisher darin bestand, im ganzen Haus*

nach der Zeitung, nach seinen Zigaretten und nach seinem Verdauungsschnaps zu suchen.

Die einzigen, die sich zunächst ins Fäustchen lachen können, sind deine Geschwister. »Warum sollte es ihm besser ergehen als uns?« wird ihr erster Gedanke sein. Doch auf die Schadenfreude folgt postwendend der erste Schreck. Ziemlich genau neun Monate nach dem Hochzeitstermin – ich will doch stark annehmen, ihr beide habt da nicht eigenmächtig vorgeplant –, nach neun Monaten also werden deine Geschwister erzittern. Einer oder eine von ihnen muß dann den Taufpaten spielen. Und wie die meisten von uns aus eigener Erfahrung wissen, wird diese Aufgabe mit den Jahren immer kostspieliger. Da wäre es doch nett von dir, aus Geschwisterliebe auf die Ehe zu verzichten.

Am schlimmsten aber trifft deine Hochzeit all die guten Freunde, die du hast. Überleg dir doch: Besuche in deiner Wohnung werden künftig nur mehr mit Voranmeldung möglich sein, und auch dann nur, wenn du vorher die Erlaubnis deiner Frau eingeholt hast. Da müssen sich deine Freunde gewaltig umstellen. Es gibt keine Tische mehr, auf die wir in eurer Wohnung bedenkenlos die Füße legen können. Penibel müssen wir bei jedem Glas Bier mitzählen, damit wir ja nicht zu viel trinken und möglicherweise einen schlechten Eindruck hinterlassen. Ansonsten könnte deine Frau ja noch auf die Idee kommen, uns beim nächsten Mal gar nicht reinzulassen. Und eine Uhr werden wir uns auf unsere alten Tage auch noch anschaffen müssen, denn in Zukunft wirst du spätestens um elf daheim sein müssen.

Ich finde, lieber . . . (Vorname des Bräutigams), du solltest dir meine Warnungen sehr zu Herzen nehmen und dir jetzt genau überlegen, ob du nicht *in letzter Minute doch noch die Kurve kratzt und lieber weiterhin als Junggeselle unter uns weilst.*

Falls meine abschreckenden Zukunftsprognosen jedoch alle nichts genutzt haben sollten, so denk' doch an die Hauptgeschädigte dieser Hochzeit, an deine zukünftige Ehefrau. Du behauptest ganz einfach, du liebst sie, denkst aber mit keiner Silbe daran, daß sie den Rest ihrer Tage damit verbringen wird, dir den Haushalt zu besorgen. Sie muß tagein, tagaus kochen, waschen, bügeln, saubermachen und deine durchlöcherten Socken stopfen. Darüber hinaus muß sie auch noch auf dich aufpassen. Sie muß dir jeden Tag sagen, was du zu tun und zu lassen hast, wie du dich anziehen sollst und wann du abends zu Hause sein willst. Sie muß sich überlegen, welche Farbe euer Auto haben soll, wie die Wohnung eingerichtet wird und wann du wieder mal eine Schlankheitskur nötig hast. Sie muß dir das Rauchen abgewöhnen, muß dich zum Antialkoholiker machen und außerdem wird ihr auch noch aufgehalst zu bestimmen, wann zu welchem Zweck wieviel Geld ausgegeben wird. Wahrlich, keine leichte Aufgabe.

Da wäre es doch wirklich vernünftiger, nicht zu heiraten. Bist du da nicht meiner Ansicht? Jetzt schau nicht so schwermütig, du hast ja noch einige Nächte Zeit, in denen du ohne eheliche Pflichten ruhig vor dich hinträumen kannst. Du solltest diese Zeit nutzen und dein Ehevorhaben gründlich überdenken.

Nun, nach all diesen Warnungen sollst du nicht glauben, deine Freunde wären ganz und gar gegen diese Heirat. So ist es auch wieder nicht. Schließlich könnten wir uns sonst heute nicht den Bauch kostenlos vollschlagen. Aber ich meine, wenn einer schon das Junggesellendasein aufgibt und solide wird, so soll es ihm wenigstens schwerfallen. Und falls du, allen Warnungen zum Trotz, tatsächlich bei deiner Absicht bleibst, so heften sich die Glück- wünsche eurer Freunde an euer beider Fersen. Ich trinke auf unseren Freund und auf seine bezau- bernde zukünftige Frau. Prost!

Eine gute Freundin spricht

Liebe Verheirateten und Unverheirateten! Liebe ...
(Vorname der Braut) *und lieber ...* (Vorname des
Bräutigams)*!*
*Wenn man selbst nicht verheiratet ist, sollte man es
einerseits nicht tun, andererseits aber kann man es
sich doch nicht verkneifen. Denn es bringt enorm
viel Spaß für den, der es tut. Ich spreche davon, ein
zukünftiges Ehepaar auf den Arm zu nehmen. Weil
wir ja alle gute Freunde sind und eine Heirat etwas
Außergewöhnliches im Leben darstellt, will ich
mich heute nicht an das halten, was man tun sollte,
sondern nur an das, was ich tun möchte.*

*Der Polterabend ist, wie der Name schon sagt,
zum Poltern geschaffen. Zusätzlich aber erfährt
das Paar, für das so viel Porzellan zerschlagen
wird, eine Menge Neues. Zuallererst kann er oder
sie, je nachdem, bei wem Informationsnotstand
herrscht, in Erfahrung bringen, wann überhaupt
geheiratet werden soll. In krassen Fällen muß auch
noch darüber beratschlagt werden, wer eigentlich
wen heiratet.*

*Zusätzlich aber lernen die beiden Heiratskandi-
daten viele neue Gesichter kennen. Die Braut hat
solche eingeladen, die der Bräutigam noch nicht
kannte, der Bräutigam hat solche eingeladen, die
die Braut noch nicht kannte. Außerdem gibt es da
noch jene Gäste, die zwar keiner eingeladen hat,
die aber trotzdem gekommen sind. Wo es was um-
sonst gibt, gehen eben alle gern hin.*

*Der Polterabend hat noch weitere Vorzüge. Bei-
spielsweise wird er zur ersten großen Bewährungs-*

probe für das junge Paar. Die Braut weiß nämlich nie so genau, ob der Zukünftige ihre Freundinnen überhaupt leiden kann. Andererseits aber muß sie den ganzen Abend über ein Auge auf ihn halten und aufpassen, daß er ihre Freundinnen nicht plötzlich besser leiden kann, als ihr das recht wäre.

Umgekehrt gesehen ist es ähnlich. Seine Freunde könnten ihr leicht auf die Nerven fallen. Aber möglicherweise hat sie sich unter den heiratsfähigen jungen Männern im Lande nicht ausreichend umgesehen. Da könnte sie beim Anblick dieser Freunde plötzlich auf kluge Gedanken kommen und erkennen, daß es da noch Männer gibt, die sie noch nicht in Betracht gezogen hat.

Schließlich aber ist der Polterabend auch letzter Termin. Jetzt könnt ihr beide es euch nochmal überlegen. Nach dem Jawort ist es zu spät. Wenn die Ringe erst getauscht sind, liegt ihr in Ketten, die nicht so leicht zu öffnen sind. Da ich aber weiß, wie ernst es euch ist, will ich als gute Freundin der zukünftigen Ehefrau die Gelegenheit beim Schopfe packen und dir, liebe . . . (Vorname der Braut), einige nützliche Ratschläge erteilen.

Liebe . . . (Vorname der Braut), als erstes solltest du mal klarstellen, wer in eurer Ehe das Sagen hat. Dies erledigst du am besten noch am Tage der Hochzeit, der Einfachheit halber schon vor dem Pfarrer. Da läßt du deinen Zukünftigen erst gar nicht zu Wort kommen, sondern sprichst das Jawort gleich für ihn mit. So kommen bei ihm gar keine Zweifel darüber auf, wie er sich in Zukunft zu verhalten hat.

Auch der Abwasch muß von vornherein geregelt werden. Morgen früh wird auf euch ein Berg Geschirr warten. All das Porzellan, das wir heute benutzen, muß dann gespült und abgetrocknet werden. *Du drückst deinem Gemahl in spé einen Schwamm und ein Geschirrtuch in die Hand, und dann paßt du auf, daß er alles richtig macht. Aber ich warne dich: Besonders morgen solltest du ihm nicht von der Seite weichen, wenn er Küchendienst schiebt. Er könnte ja auf die schlechte und gar nicht so abwegige Idee kommen, das schmutzige Geschirr zu den Polterscherben zu werfen.*

Wenn du dann soweit klare Fronten zwischen euch geschaffen hast, kann dir eigentlich nichts Unangenehmes mehr passieren in eurer Ehe. Um aber nicht eines Tages doch noch überrumpelt zu werden, solltest du den Trumpf im Ärmel behalten. Der Trumpf in der Ehe ist der Schlafzimmerschlüssel. Den mußt du gleich an dich reißen und darfst ihn nie wieder aus der Hand legen. Bei Bedarf kannst du dann euer Schlafzimmer von innen verschließen, so daß er von außen keinen Zutritt hat. Natürlich kannst du es auch von innen verschließen, damit er nicht mehr raus kommt. Ganz, wie du gerade aufgelegt bist. Am besten sind sowieso getrennte Schlafzimmer. Die lösen auch gleich das leidige Schnarchproblem, das in den meisten Ehen nach kurzer Zeit auftritt.

Nun habe ich mir die wichtigsten Punkte, die mir so eingefallen sind, von der Seele geredet. Ich bin zwar immer noch davon überzeugt, eine gute Beziehung sollte nicht durch eine Ehe zerstört werden, doch wenn ihr glaubt, ihr wißt das besser, will ich euch nicht aufhalten.

So wünsche ich euch mit all euren Freunden und Bekannten, die sich hier lautstark versammelt haben, eine Lastwagenladung voll Glück für eure Ehe! Stoßen wir an auf das Brautpaar!

Reden zur Hochzeit

Begrüßungsworte des Bräutigams

Meine lieben Gäste!
Es brennt mir geradezu auf der Seele, euch vor Beginn unseres Hochzeitsmahles allen einen herzlichen Gruß zuzurufen und euch allen zu danken für den Tag, den ihr uns, meiner Frau und mir, heute opfert. Geteilte Freude ist doppelte Freude, besagt ein Sprichwort. Aus diesem Grunde holt man zu einer Hochzeit alle Freunde und Verwandten an einen Tisch und feiert die Eheschließung mit ihnen.

Heute seid ihr unsere Freudenbringer, ihr erst wandelt diesen Tag zum Glückstag um, diesen Tag der »grünen Hochzeit«, der mir eine Frau an die Seite stellt, auf die ich mich verlassen kann, die mir eine Stütze sein wird und mit der ich Sorgen und Nöte, Glück und Fröhlichkeit teilen will, genauso wie wir beide heute unsere Freude mit unseren Gästen teilen.

Seid mir und meiner Frau also willkommen, verehrte Verwandte, geschätzte Freunde. Befreit euch für das heutige Fest von den Unannehmlichkeiten des Alltags, laßt der Fröhlichkeit ungehinderten Lauf und nehmt Bilder in eure Erinnerung auf, die ein schönes Andenken an diese Hochzeit bewahren.

Ich möchte aber nun die Gelegenheit nicht verpassen und einige Worte des Dankes sagen. Da sind zuerst die Eltern, meine eigenen und meine Schwiegereltern. Ihnen gebührt das Verdienst, dieser Feier den äußeren Rahmen gegeben zu haben.

In aufopfernder Weise nahmen sie meiner Frau und mir eine doch recht umfangreiche und zeitraubende Arbeit ab. Es sind ja so viele verschiedene Dinge vorzubereiten für ein Hochzeitsfest, es stecken so viele Kleinigkeiten hinter einer gelungenen Feier – meine Frau und ich hätten es gar nicht alleine geschafft. Ein herzliches Dankeschön also an unsere Eltern.

Ein weiterer Dank, der besonders tief aus dem Herzen kommt, gilt den Musikern, die uns, meiner Frau und mir, in der Kirche ihre Kunst widmeten. Ich kann einfach nicht anders und muß dies hier erwähnen. Die Klänge der Musik verliehen der ergreifenden Stimmung während unseres Ehegelöbnisses hörbaren Ausdruck, besser, als wir es je mit Worten hätten mitteilen können. Die Musik veredelte die Messe und wird in Zukunft ein Teil der Erinnerung an unsere Hochzeit sein.

Schließlich möchte ich auch dem Herrn Pfarrer danken, der sich zu unserer großen Freude die Zeit nahm, um mit uns noch ein wenig zu feiern. Verehrter Herr Pfarrer, Ihre Predigt war einer Hochzeit würdig. Sie bemühten sich, uns Worte mit auf den Weg zu geben, die wir beherzigen können, an die wir auch später noch denken werden. So wie das Brautpaar selbst und so wie die Ringe, die getauscht werden, ist der Priester ein Glied in der Kette der Eheschließung. Er macht jenes Dreieck vollständig, welches die unbedingten Bestandteile der Hochzeitsmesse ausmachen: Brautpaar, Ring und Priester. Meine Frau und ich freuen uns, von einem Priester getraut worden zu sein, der es verstand, dieser Ehe die passende Einleitung zu geben.

Nun aber genug der Worte. Ich bitte euch, feiert mit meiner Frau und mir diesen schönsten und wichtigsten Tag in unserem Leben. Die Speisen werden gerade aufgetragen: laßt sie euch schmecken!

Begrüßungsworte der Braut

Liebe Freunde!
Zum erstenmal in meiner noch so kurz währenden
Ehe übernehme ich nun eine Pflicht, deren Erfül-
lung mir heute wie auch in Zukunft angenehm sein
und Freude bereiten wird. Als Frau ... (Nachname
der Brautleute) darf ich nun meine und meines
Mannes Gäste begrüßen. Ihr alle seid herzlich will-
kommen, und jeder einzelne von euch darf sicher
sein, daß wir großen Wert auf seine Anwesenheit
legen. Wir wollten unsere Hochzeit mit teuren Ver-
wandten und lieben Freunden feiern. Ihr sollt teil-
haben an unserer Freude, die uns der heutige An-
laß beschert. Ihr sollt mit uns den Beginn eines
hoffentlich lange währenden Lebens, eines gemein-
samen Lebens, einläuten.

Die Grundlage dieses Lebens bildet nicht nur
jenes Gefühl füreinander, das man ganz einfach mit
dem Wort »Liebe« benennen kann und das doch so
viel mehr beinhaltet, als dieses Wort allein auszu-
drücken vermag. Die Grundlage bildet auch ein
vertrautes Verhältnis zur Familie, aus der man
stammt, und zu den Freunden, die man sich ge-
wählt hat, zu denen man gehört.

Vertrauen und Liebe, zwei Stützpfeiler in den
menschlichen Bindungen, werden uns beide, meinen
Mann und mich, im Kreise von lieben Menschen
durch das Lebensdickicht geleiten. Es ist gut zu wis-
sen, daß da Menschen sind, auf die man zählen kann,
die einem den Rücken stärken, wenn es nötig ist,
und die teilhaben am Schicksal zweier Menschen.

Zwar sind wir, mein Mann wie ich selbst, nun

nicht mehr auf uns allein gestellt. Jeder kann auf den anderen bauen, jeder ist sich der Fürsorge des anderen gewiß. Doch es gibt genug Situationen im Leben, die die Hilfe der nächsten Verwandten, den Beistand der Freunde, den Rückhalt einer Familie nötig haben. Keiner kann heute schon ermessen, was das Schicksal uns noch bringt und welchen Hindernissen wir noch begegnen werden. Dann ist es gut, nicht schutzlos dazustehen.

Auf der anderen Seite kann selbstverständlich auch jeder von euch auf meinen Mann und mich zählen. Wir werden unsere Freundschaft zu euch nicht nur eine leere Hülle sein lassen. Wir wollen ihr Inhalt geben, wertvollen Inhalt, der es ermöglicht, Schläge abzuwehren und noch fester zueinander zu stehen.

Dieses Hochzeitsfest zeichnet sich aus durch einen kleinen Kreis von Gästen. Die meisten Brautpaare laden ein, was der Saal zuläßt, jeden, der irgendwie verwandt, verschwägert oder bekannt ist. Mein Mann und ich wollten aber diesem Tag, diesem Meilenstein in unserem Leben, schon allein durch die Auswahl der Gäste ein unverwechselbares Gepräge geben. Wir nutzten die Gelegenheit und versammelten all jene Menschen um uns, die uns besonders am Herzen liegen, zu denen wir ein inniges Verhältnis hegen. Somit hat sich heute ein spezieller Personenkreis hier eingefunden. Gerade diese Tatsache wird uns beiden den Hochzeitstag um so mehr als einen Glückstag ins Buch der Erinnerung schreiben. Ich will euch danken für dieses Geschenk, das ihr durch eure Anwesenheit gegeben habt.

Nun aber möchte ich unsere Gäste nicht länger warten lassen. Die Tafel ist gedeckt, das Fest kann beginnen. Trinken wir auf die Fröhlichkeit, die uns heute nicht von der Seite weichen soll!

Der Vater des Bräutigams spricht

Verehrte, liebe Gäste!
Bevor das erste Gericht aufgetragen wird und wir
unseren Hunger stillen, laßt mich als Vater des
Bräutigams etwas von dem an euch weitergeben,
was ich heute fühle. Schließlich ist dies für mich ein
besonders wichtiger Tag. Mein Sohn hat gerade, es
ist noch keine Stunde her, sein Jawort einer jungen
Frau gegeben, die nun meine Schwiegertochter ist.
Da finde ich, gibt es Grund genug für einen Vater,
das Wort zu ergreifen.

Meine frohe Stimmung hat ihren Ursprung schon
in den äußeren Umständen. Endlich wird nun die
Hektik der letzten Tage und Wochen vorbei sein.
Die Vorbereitung und die Organisation dieses Fe-
stes verschlangen eine Menge Nerven. Jeder, der
mit einer Hochzeit schon nähere Bekanntschaft
gemacht hat, wird mir dies bestätigen können. Doch
ich will nicht klagen, dazu habe ich keinen Grund.
Im Gegenteil, diese Hochzeit war die Aufregung
und das Lampenfieber schon wert. Sie wäre auch
keine rechte Hochzeit, wenn man ihr nicht lange
vorher ungeduldig entgegenfiebern würde.

Zum zweiten bin ich natürlich voll Freude, weil
mein Sohn sich nun verheiratet hat. Eigentlich
müßte ich ja traurig sein und Trübsal blasen.
Schließlich habe ich meinen Sohn gern, und er ver-
drückt sich nun einfach aus dem elterlichen Haus-
halt und schafft sich einen eigenen an. Aber er und
seine Frau wandern ja nicht aus. Sie haben eine
Wohnung ganz in unserer Nähe, so daß gegensei-
tige Besuche nicht schwer sind.

*Außerdem bringt mir diese Heirat ja auch jeman-
den in die Familie. Eine Tochter habe ich mir schon
immer gewünscht, und man sollte auch die Schwie-
gertöchter wie die Schwiegersöhne zu den eigenen
Kindern zählen, ihnen die gleichen Rechte einräu-
men und ihnen das gleiche Zutrauen, die gleiche
Liebe, das gleiche Verständnis schenken wie den
eigenen Kindern. Nur so kann eine Familie richtig
zusammenwachsen. Ich bin froh, daß so ein ideales
Verhältnis zum neuen Schwiegerkind in unserer
Familie schon längst gewachsen ist.*

*Wie könnte ich angesichts solch günstiger Um-
stände anders, als Glück zu empfinden. Trauer
über den Auszug aus der Wohnung der Eltern kann
da gar nicht aufkommen. Außerdem: Seien wir doch
ehrlich. Trotz aller Liebe wird's nun langsam Zeit,
daß die Kinder das Nest verlassen, in dem sie so
lange Jahre gewohnt und manchmal auch gehaust
haben.*

*Der Umzug wird mir in Zukunft die kleinen Rei-
bereien ersparen, die bisher zur Tagesordnung ge-
hörten. Ich muß nun nicht mehr über das Eigentum
meines Herrn Sohn stolpern, welches an allen mög-
lichen und unmöglichen Plätzen verstreut liegt, nur
nicht dort, wo es eigentlich hingehören würde.
Keine vollgerauchten Aschenbecher werden mehr
herumstehen, und endlich bekomme ich wieder eine
noch lesbare, keine zerlesene Zeitung auf den Früh-
stückstisch. Auch das morgendliche Gerangel, wer
wohl als erster das Bad benutzt und für wie lange,
wird sich etwas entwirren. Nun rangeln nur mehr
zwei, nämlich meine Frau und ich.*

*So kann ich also mit gutem Grund sagen: Dieser
Tag ist ein ausgesprochener Freudentag. Allerdings wollte ich meine Schwiegertochter nicht
gleich am ersten Tag ihrer Ehe verschrecken. Zum*

Schluß denkt sie jetzt: Was hab' ich mir denn da an Land gezogen? Liebe . . . (Vorname der Braut), *ich kann dich beruhigen. Selbst als geplagter Vater muß ich zugeben, mein Sohn hat auch lobenswerte Eigenschaften. Wahrscheinlich wirst du schon die eine oder andere davon entdeckt haben. Eigenschaften, die ein Vater wohl allzuleicht übersieht.*

Einige Zeit aber werdet ihr zwei – trotz aller Liebe – schon mit dem Versuch verbringen, dem anderen Partner die Untugenden auszutreiben. Und dann, nach Jahren erfolgloser Mühen damit, stellt ihr resignierend fest: Dies ist eine Kunst, die kaum jemand beherrscht, ein Werk, das kaum jemand zustande bringt. Meine Frau ist heute noch mit meiner Erziehung beschäftigt, ebenso verbissen wie erfolglos. Es kann nur mehr eine Frage der Zeit sein, wann sie ihre Anstrengungen endlich aufgibt.

Also, keine Panik, wenn es Klippen zu umschiffen gibt. Die gehören in unser Dasein, und zu zweit ist es allemal leichter, das Schiff, wenn ich bei diesem Vergleich bleiben darf, zu steuern und auf dem richtigen Kurs zu halten. Und sollte dann einmal ein Orkan bei euch vorbeischauen und ihr driftet etwas ab, so sucht gemeinsam nach der Himmelsrichtung, die euch zurückführt ins richtige Fahrwasser.

Nun ist es an der Zeit, daß ich, als Vater, eine unumgängliche Hoffnung ausspreche. Ich freue mich nämlich schon auf meine Enkelkinder, die ihr beide, liebe . . . (Vorname der Braut) *und lieber . . .* (Vorname des Bräutigams), *hoffentlich in die Welt setzen werdet. Ich fühle mich zwar noch gar nicht als Opa, doch es würde mir schon Spaß machen, einer zu sein. Keinesfalls aber will ich euch drängen. Entscheiden müßt ihr selbst.*

Nun sind heute, wie sollte es anders sein, schon

viele Glückwünsche ausgesprochen worden. Ihr beide wißt natürlich, daß ich euch alles erdenklich Gute wünsche, das brauche ich nicht besonders hervorzuheben. Viel mehr am Herzen liegt es mir, euch, liebe ... (Vorname der Braut) *und lieber ...* (Vorname des Bräutigams), *ein Versprechen zu geben. Ihr beide habt euch gegenseitig Treue gelobt, und ich will euch meine Treue versprechen. Wann immer ihr glaubt, Rat und Hilfe nötig zu haben – ich bin für euch da. Und dies darf ich sicher nicht nur in meinem Namen, sondern auch im Namen deiner Schwiegermutter, liebe ...* (Vorname der Braut), *und deiner Mutter, lieber ...* (Vorname des Bräutigams), *sagen. Die Tür unseres Hauses steht euch beiden immer offen.*

Allerdings gibt es da eine Ausnahme: Solltet ihr einmal in Streit geraten – und der wird kommen, der gehört auch zur Ehe –, solltet ihr also mal miteinander uneins sein, so tragt das bitte unter euch aus. Dafür seid nur ihr alleine zuständig, sonst niemand.

Nun habe ich aber die Aufmerksamkeit unserer Gäste schon lange genug in Anspruch genommen. Das Essen duftet schon, den meisten läuft seit geraumer Zeit das Wasser im Munde zusammen, und wärmer wird der Braten auch nicht, wenn er da auf dem Tisch herumsteht. So wünsche ich einen guten Appetit und noch eine recht heitere Feier. Laßt uns auf das junge Ehepaar und auf eine glückliche Zukunft trinken!

Ansprache der Brautmutter

Verehrte Gäste!
Erlaubt mir, daß ich heute an diesem Freudentag
ein paar Worte an euch, vor allem aber an unser
Brautpaar, richte. Ich möchte uns einstimmen mit
einem Gedicht von Novalis. Dieser Dichter beschrieb
mit seinen wenigen Zeilen viel von dem, was mir
heute, am Hochzeitstag meiner einzigen Tochter,
durch den Kopf geht:

Was paßt, das muß sich ründen,
Was sich versteht, sich finden,
Was gut ist, sich verbinden,
Was liebt, zusammen sein.
Was hindert, muß entweichen,
Was krumm ist, muß sich gleichen,
Was fern ist, sich erreichen,
Was keimt, das muß gedeihn.

Liebe ... (Vorname der Braut) *und lieber ...*
(Vorname des Bräutigams), *daß ihr beide zusam-*
menpaßt, stellte sich schon bald nach Beginn eurer
Freundschaft heraus. Ihr beide habt euch gut ver-
standen, ihr habt euch deshalb gefunden und geht
heute eine Verbindung ein, die ein Leben lang hal-
ten soll.

Die Liebe spielt dabei eine gewichtige Rolle, je-
doch kann sie allein nicht das Band flechten, das
euch in eurer Ehe zusammenhält. Da kommen noch
einige Dinge hinzu, die sozusagen verhindern, daß
dieses Band der Liebe eines Tages reißt.

So werdet ihr füreinander noch viel Veständnis
aufbringen müssen, vor allem dann, wenn der an-
dere Partner plötzlich Eigenschaften an den Tag

legt, die ihr bisher noch nicht an ihm gekannt habt. Es ist schon ein Unterschied, ob man jemanden nur am Wochenende, an den Abenden und an den Feiertagen sieht, oder ob man mit dem anderen dauernd zusammenleben muß. Viele der Fehler eines Menschen, aber auch die Tugenden, zeigen sich erst im Alltagsleben.

Da ist es dann gut, trotz allem sagen zu können, wir verstehen uns gut, wir passen auch in schlechteren Situationen zueinander. Ihr beide müßt euch bewußt sein, daß ihr mit dem Menschen, den ihr liebt, auch dessen Fehler geheiratet habt. Und sogar noch wichtiger als dieses Bewußtsein ist das Eingeständnis der eigenen Fehler. Gebt ihr die eigenen Schwächen freimütig zu, so fällt es leichter, denjenigen Teil vom Partner zu akzeptieren, der einem nicht so zusagt.

Die zweite Hälfte des Gedichts von Novalis, das ich am Anfang meiner Rede zitiert habe, beschreibt die Annäherung zweier Menschen. »Was hindert, muß entweichen«, heißt es da. Viele Steine werden euch in den Weg zueinander gelegt sein. Ihr müßt zusammen helfen, um sie gemeinsam wegzustoßen.

In der nächsten Zeile steht: »Was krumm ist, muß sich gleichen«. Ihr beide werdet euch an den anderen angleichen müssen, jeder muß Abstriche bei seinen Forderungen machen. Dabei solltet ihr immer darauf achten, daß ihr euch entgegenkommt. Nicht nur einer allein soll immer wieder nachgeben müssen, sondern jeder trägt in einer guten Ehe seinen Teil bei.

»Was fern ist, sich erreichen«, sagt Novalis dann. Ihr werdet immer wieder feststellen, obwohl ihr euch doch gut versteht, gibt es Dinge, in denen ihr euch so fern seid wie Tag und Nacht. Doch dies darf für euch kein Grund sein, nicht den Versuch einer

Annäherung zu wagen. Selbst der Tag und die Nacht treffen sich am Morgen und am Abend, und dann ähneln sie sich so sehr, daß man sie gar nicht mehr unterscheiden kann. So wird es auch für euch Möglichkeiten geben, euch selbst bei grundverschiedenen Ansichten irgendwo zu treffen. Und solltet ihr dies trotzdem nicht schaffen, so denkt daran, daß jeder der Ehepartner angehalten ist, auch die Meinungen des anderen gelten zu lassen.

Die letzte Zeile des Gedichts sagt: »Was keimt, das muß gedeihn.« Und das ist, finde ich, die schönste Zeile. Aus einem unscheinbaren Keim kann eine wunderschöne Pflanze entstehen, wenn dieser Keim nicht erstickt wird. Dafür aber, daß der Keim nicht erstickt, habt ihr gemeinsam Sorge zu tragen, dafür steht ihr ein, seid verantwortlich. Die heute geschlossene Verbindung, eure neugegründete Ehe, soll dazu den Nährboden bilden. Und ich glaube, mit euch beiden haben wir einen gesunden Nährboden vor uns.

Und so möchte ich an den Schluß meiner Rede auch die zweite Strophe dieses Gedichts von Novalis stellen. Ich will sie jedem von euch beiden mit auf den Weg geben, stellvertretend für euch, denn eigentlich müßtet ihr diese Gedichtstrophe eurem Ehepartner sagen, müßte sie jeder von euch beiden dem anderen widmen. Diese zweite Strophe lautet:

Gib treulich mir die Hände,
Sei Bruder mir, und wende
Den Blick vor deinem Ende
Nicht wieder weg von mir.
Ein Tempel, wo wir knien,
Ein Ort, wohin wir ziehen,
Ein Glück, für das wir glühen,
Ein Himmel mir und dir!

Liebe Kinder – ich darf euch von heute an beide so nennen –, von Herzen wünsche ich euch diesen Himmel, und zwar in den Augenblicken eurer Ehe, die ihr euch aufspart für euch allein, in denen ihr einmal den Alltag vergessen wollt. Meine Segenswünsche begleiten euch, sie werden euch überallhin nachfolgen. Und nun laßt uns die Gläser erheben und auf das junge Paar trinken!

Rede des Großvaters oder der Großmutter

Meine Lieben!
Wann gibt es schon Anlässe, zu denen sich einmal die ganze Verwandtschaft versammelt, alle Onkel und Tanten, viele Cousins und Cousinen und dazu noch lauter gute Freunde? Doch wohl nur zu großen Familienfesten wie es runde Geburtstage, goldene und silberne Hochzeit oder aber die Schließung einer jungen Ehe sind.

Heute haben wir einen dieser seltenen Anlässe. Und da ich mir kaum einen Termin vorstellen könnte, der für einen unserer Gäste heute wichtiger gewesen wäre, bin ich auch gar nicht überrascht, daß alle, die geladen waren, auch erschienen sind.

Besonders freut mich eines: Endlich einmal kann ich wieder alle meine Kinder gemeinsam um einen Tisch versammelt sehen, nachdem sie Beruf, Familie und der eigene Drang in alle Himmelsrichtungen verstreut haben.

Ich muß gestehen, schon lange war ich vor einem Ereignis nicht mehr so aufgeregt wie vor dieser Hochzeit. So freudig aufgeregt. Meine Aufregung war fast noch stärker – ach was, sie war viel stärker als bei den Hochzeiten der eigenen Kinder. In den Enkeln kann man ja als Großvater oder Großmutter die Kindheit der eigenen Sprößlinge noch einmal erleben, quasi von der Ferne aus, ohne von Erziehungsaufgaben belastet und gestreßt zu sein.

Und wenn nun so ein Enkelkind sich verheiratet, dann darf, finde ich, mein altes Herz schon schneller schlagen und etwas zittern. Ist diese Ehe nicht der Beweis dafür, daß ich die Enkel – trotz aller gegenteiliger Behauptungen der Eltern – nicht heillos verzogen habe? Verzogene Kinder – so bilde ich mir zumindest ein – würden nicht eine so solide Partnerschaft aufbauen. Die würden doch nicht einmal die Verwandtschaft einladen, sondern sie bestenfalls anpumpen.

Aber zu eurer Partnerschaft, liebe ... (Vorname der Braut) und lieber ... (Vorname des Bräutigams), kann ich euch nur beglückwünschen. Es ist zwar schon oft genug das Ende der offiziell geschlossenen Ehe verkündet worden zugunsten der sogenannten »Ehe ohne Trauschein«, doch glaubt mir, Hochzeiten wird es immer geben. Ein so großer Einschnitt im Leben zweier Menschen will eben besonders besiegelt und hervorgehoben sein.

So ist denn auch der erste und wichtigste Sinn einer Ehe der feste Wille zweier Menschen, ein ganzes Leben gemeinsam durchzustehen, den Weg ins Alter Hand in Hand zu gehen und alle Fährnisse gemeinsam zu meistern. Liebe ... und lieber ..., ich versichere euch, ihr habt damit den richtigen Weg eingeschlagen. Schon Goethe wußte es: »Glücklich allein ist die Seele, die liebt.«

Es liegt mir aber nun fern, euch Paradieswolken an den Himmel zu malen. Auch wenn ihr in den richtigen Weg eingebogen seid, so birgt er doch eine Menge Tücken. Oft genug wird er holprig und steinig sein, oft genug steil und unwegsam, verschlungen und im Dickicht. Manchmal werdet ihr im Gestrüpp der Alltagssorgen glauben, der Weg führe gar nicht weiter.

Alle, die schon länger verheiratet sind, kennen diese Zweifel. Wir wissen aber auch, daß es im Leben keine Sackgassen gibt, sondern daß immer irgendwo ein Ausweg versteckt liegt, nur suchen muß man ihn.

Ich wünsche mir von euch: Brecht nie den gemeinsamen Weg ab, sondern haltet zusammen und findet zusammen den Ausweg, selbst wenn dieser ein Umweg sein sollte. Auch Umwege führen zum Ziel. In meinem Alter darf man sich schon eine gewisse Lebenserfahrung zusprechen. Schließlich bin ich ja nun schon eine stattliche Anzahl von Jahren auf dieser Welt. Und meine Lebenserfahrung lehrt mich eben: Der Lohn der Auswege ist ein erfülltes Leben.

Wenn ihr einmal Großvater und Großmutter geworden seid, könnt ihr mit Genugtuung zurückblicken auf die gemeinsamen Jahre. Das ist es auch, was ich euch von Herzen wünsche, die Gemeinsamkeit, von der ihr in vierzig oder fünfzig oder noch mehr Jahren zehren könnt.

Und solltet ihr dann einmal in meinem Alter sein und vielleicht auch eure Nachkommen versammelt sehen auf der Hochzeit eines eurer Enkelkinder, so denkt an meine Worte. Möglicherweise verspürt ihr dann auch den Drang, einen kleinen Teil der Lebenserfahrung, die ihr gesammelt habt, weiterzugeben.

Ich habe nun, da ich am Schluß meiner Rede angekommen bin, diesem Drang genüge getan. Nun geht ihr zwei euren Weg und denkt immer daran: Alle guten Wünsche eurer Großeltern begleiten euch.

Der Taufpate oder die Taufpatin spricht

Liebes Brautpaar! Liebe Hochzeitsgäste!
»Worte sind der Seele Bild«, sagt ein altes Sprich-
wort. Und da ich der Taufpate des Bräutigams (die
Taufpatin der Braut) bin, fühle ich mich geradezu
verpflichtet, meine Empfindungen, die diese Ehe-
schließung begleiten, in Form einer Rede beizusteu-
ern.

Es ist ja schon einige Jahre her, seit mich deine
Eltern, liebe(r) . . . (Vorname der Braut bzw. des
Bräutigams), baten, dein Taufpate (deine Taufpa-
tin) zu werden. Damals nahm ich dieses Amt leich-
ten Herzens an, da ich keine eigenen Kinder hatte
und mich außerdem schon lange vor deiner Geburt
auf dich freute.

Als ich dich dann am Taufbecken auf dem Arm
hielt, schossen mir schon einige Fragen durch den
Kopf. Ich war damals gespannt, was wohl aus dir
werden würde. Gewiß, die Voraussetzungen für eine
glückliche Kindheit waren gegeben: Du hattest
tüchtige Eltern, du hattest Geschwister, und deine
Ankunft wurde von allen mit Ungeduld erwartet.

Doch trotz allem kann man ja nie so sicher sein,
ob aus einem kleinen Kind auch wirklich einmal ein
Mensch werden würde, der sein Leben meistert und
auf den seine Eltern stolz sein können. In die Zu-
kunft blicken konnten wir schon damals nicht. Da-
für konnten wir Erwachsenen etwas anderes tun:
Wir achteten darauf, daß die Äste deiner Entwick-
lung nicht zu Gestrüpp verwilderten.

Sicher, wie die meisten Kinder hast du auch eine
ganze Menge ausgefressen. Deine Eltern könnten,

wenn man sie fragte, ganze Romane davon erzäh-
len. Du hast den Leuten deine Streiche gespielt und
dich diebisch amüsiert dabei. Ich möchte nicht wis-
sen, wie oft sich deine Mutter am Ende eines Tages
die Frage stellte: Was wird noch werden aus dem
Kind?

Dann kam die Schule. Mit Sorge beobachteten
deine Eltern die vielen Hochs und Tiefs. In man-
chem Jahr fehlten die Hochs vollkommen. Doch mit
zunehmender Reife, mit der ansteigenden Zahl an
Lebens- und auch an Schuljahren zeigte sich doch:
Wenn der Junge (das Mädchen) will, kann er (sie)
auch etwas leisten. Und gerade diese Erkenntnis
bestätigte sich, als du die Berufsausbildung in An-
griff nahmst. Man merkte, die Arbeit macht dir
Freude.

Heute nun sind die Fragen der Kindheit beant-
wortet. Zwar bist du im Vergleich zu den meisten
deiner Gäste noch recht jung und unerfahren, doch
es wird wohl keiner leugnen, daß aus dir, allen
Zweifeln früherer Jahre zum Trotz, doch noch etwas
Anständiges geworden ist. Und nachdem du nun
Kindheit, Schule und Berufsausbildung hinter dir
gelassen hast, trittst du mit deiner Heirat in eine
neue, sehr wichtige Lebensphase ein.

Auch da kann ich dir – und das freut mich natür-
lich besonders – letztendlich Erfolg bestätigen. Bei
der Wahl deiner Ehefrau (deines Ehemannes) hast
du einmal mehr den richtigen Riecher, wenn ich so
sagen darf, bewiesen.

Nun bleibt für mich als Taufpate eigentlich nur
noch die Frage an meine eigene Adresse, ob und
wieviel ich zu deiner Erziehung beisteuern konnte.

Die besondere Aufgabe des Taufpaten steckt ja in
der religiösen Erziehung. Ob ich diese Aufgabe
ausreichend erfüllt habe, darüber entscheidest du

am besten selbst. Und solltest du auch einmal Pate eines Kindes werden, so kannst du an meinen Fehlern abmessen, was anders zu machen ist. Mir aber bleibt die Hoffnung, daß du deine Kinder in unserem christlichen Sinne erziehst.

Ich meine damit nicht so sehr die kirchlichen Riten und Vorschriften. Was ich mir da viel eher wünsche, ist eine christliche Überzeugung und das Vertrauen auf deinen Schöpfer. Dazu passen die Worte eines Liedes, in dem es heißt: »Was Gott tut, das ist wohlgetan.« *Und mit Schiller möchte ich dir, liebe(r)* . . . (Vorname der Braut bzw. des Bräutigams), *als dein Taufpate (als deine Taufpatin) raten:* »Dem lieben Gotte weich nicht aus, findst du ihn auf dem Weg!« *Schließlich auch noch dieses Sprichwort:* »Auf Gottes Wegen ist Gottes Segen.«

Bevor ich nun zum Ende dieser Rede gelange, muß ich mich doch noch entschuldigen bei deiner Gattin (bei deinem Gatten), die (der) ein bißchen zu kurz kam. Aber ich spreche ja hier als Taufpate des Bräutigams (als Taufpatin der Braut), und da stand das Patenkind eben im Mittelpunkt meiner Gedanken. Von nun an jedoch sollt ihr beide, liebe . . . (Vorname der Braut) *und lieber* . . . (Vorname des Bräutigams), *nur mehr gemeinsam in meinen Überlegungen vorkommen, keine Bevorzugung oder Benachteiligung mehr.*

Und jetzt laßt uns trinken. Erstens auf die junge Ehe, damit sie ein Leben lang halte. Zweitens auf das Fundament der neuen Familie, damit diese Familie durch gesunde Kinder wachse. Und drittens auf die Braut und den Bräutigam, damit die beiden glücklich werden miteinander. Zum Wohle!

Humorvolle Ratschläge an die Eltern der Brautleute

Verehrte Hochzeitsgesellschaft!
Es sind zwar schon allerlei Reden, Sprüche und Predigten unters Volk gestreut worden, doch bei all dem ist trotzdem jemand zu kurz gekommen. Ich meine die vier Personen, deren Anstrengungen wir dieses Fest im Grunde genommen zu verdanken haben, ohne deren Nachtschichten, die sie vor zwei bis drei Jahrzehnten dankenswerterweise eingelegt haben, sich heute keine Hochzeitsgesellschaft zusammengefunden hätte.

Ihr werdet es sicherlich schon erraten haben: Ich spreche von den Eltern unseres Hochzeitspaares.

Diese vier nämlich, die dort zur Linken des Bräutigams und zur Rechten der Braut sitzen, taten sich vor rund fünfundzwanzig Jahren zusammen, paarweise versteht sich, um gerade ein solches Fest wie dieses hier zu feiern. Sicherlich, jenes Fest, ich müßte eigentlich richtiger sagen: Jene beiden Feste waren kaum so vom Überfluß gesegnet wie unser heutiges. Doch damals wie heute ist dies bei einer Hochzeit nicht das Entscheidende. Viel wichtiger als der äußere Rahmen ist der Inhalt. Und daß der gestimmt hat, das dürfte mit dieser Hochzeit wohl ausreichend bewiesen worden sein.

Nun, liebe Eltern, kann ich doch nicht umhin, euch mit der Tragweite des heutigen Tages vertraut zu machen. Einer muß es ja endlich tun. Ihr sitzt da und freut euch. Zugegeben, ihr habt auch allen Grund dazu, aber schließlich seid ihr ja von heute an eure Kinder los. Da stellt sich mir doch eine

Frage, die nicht zu unterschätzen ist: Über wen wollt ihr euch jetzt eigentlich noch ärgern?

Bevor ihr euch nun das Hirn zermartert, in Trübsinnigkeit verfallt oder euch vielleicht sogar noch gegenseitig in die Haare kriegt ob dieser belangvollen Frage, will ich euch lieber das Problem abnehmen und einen Rat geben.

Das Haus und die Wohnung daheim sind nun still geworden. Es muß also irgendwas geschehen, um die gewohnte Unruhe wiederherzustellen. Da ihr aus dem Alter heraus seid, in dem man Kinder in die Welt setzt, und da ihr wahrscheinlich auch gar nicht mehr dazu aufgelegt seid, euch erneut zwanzig Jahre lang und mehr mit solchen Nervensägen abzuplagen, kann ich nur sagen: Ein Dackel muß ins Haus.

Ich muß feststellen, ihr seid von meinem Vorschlag noch gar nicht so begeistert. Damit habe ich schon gerechnet. Wartet nur ab. Ein Dackel hat nämlich seine Vorzüge.

Beispielsweise kann man ihn ohne weiteres an die Leine nehmen – wenn er Lust dazu hat. Mit Kindern könnte man so was nie tun, obwohl sie es oft genug nötiger hätten als der Dackel.

Als stolze Besitzer dieses Haustieres könntet ihr auch wieder den Sonntagsspaziergang zu dritt unternehmen. Der Dackel würde sich darüber freuen.

Eure erwachsen gewordenen Kinder dagegen haben das wohl in letzter Zeit nur als lästige Pflicht empfunden, wenn sie überhaupt die Zeit dazu aufbrachten.

Ihr müßtet nicht einmal den Krach vermissen, den die Feten der Jugendlichen nächtelang hervorbrachten. Was ein richtiger Dackel ist, der legt sich nachts nicht einfach zur Ruhe, der schert sich nicht um die Nachbarn und bellt. Schließlich muß er seine Stimmbänder im Training halten.

Und die Hausfrau sollte auch nicht den unaufgeräumten Zimmern, den verstreuten Kleidungsstücken oder dem schmutzigen Teppich nachtrauern. Ein Dackel wird ihr ohne große Anstrengung Ersatz liefern. Er kennt keinen Fußabstreifer, er räumt seine Spielsachen bestimmt nicht auf, und zweimal im Jahr beschert er dem Teppich büschelweise Haarballen, immer dann, wenn er seine Bekleidung von Sommer auf Winter oder von Winter auf Sommer umstellt.

Schließlich ist da auch noch der Gehorsam. Vom Dackel wie von den Kindern erwartet man Gehorsam. Und der Dackel gleicht darin ein weiteres Mal den Kindern: Er kennt dieses Wort gar nicht. Wie die Kinder tut er was er will und besticht durch umwerfenden Eigensinn.

Liebe Eltern unseres geschätzten Hochzeitspaares, eigentlich müßtet ihr nun zugeben, es gibt keinen besseren Ersatz für die Kinder, die das Haus verlassen haben und ihre eigenen Wege gehen.

Selbst wenn eines Tages den Herrn Dackel die Frühlingsgefühle plagen, so wird er sich dezent nach draußen zurückziehen und nach einiger Zeit mit zufriedener Schnauze und hungrigem Magen wieder erscheinen. Kein Gedanke an Heiraten oder Ausziehen.

Wenn die Frau Dackelin dagegen merkt: Der Lenz ist da, so wird sie euch nach einigen Monaten ein freudiges Ereignis bescheren und fortan zu dritt, zu viert oder zu noch mehr in der Gegend herumtollen. Auch sie hält nicht viel vom Heiraten oder gar vom Ausziehen.

Nun, wie gesagt, dies war nur ein Vorschlag, den ich euch schmackhaft machen wollte. Mir gefällt er

jedenfalls sehr gut. Wie ihr letztlich mit der unge-
wohnten Ruhe zu Hause fertig werdet, das sei euch
überlassen.

Aber wer weiß, vielleicht löst sich das Problem
auch von selbst, wenn das erste Enkelkind seinen
Willen kundtut. Dann solltet ihr meinen Vorschlag
als das nehmen, als was er gemeint war: als nicht
gar so ernst.

Sehr ernst meine ich es dagegen, wenn ich nun
alle Verwandten, Freunde und Bekannten, die hier
anwesend sind, kurz gesagt, alle Gäste dieser Hoch-
zeitsfeier dazu auffordere, ihr Glas in die Hand zu
nehmen und zu trinken auf das Wohl der beiden
Elternpaare unserer geschätzten Jungvermählten,
auf das Brautpaar selbst natürlich und auf die
Fortführung der Familie, egal ob mit oder ohne
Dackel. Prost!

Ansprache des Bräutigams

Verehrte Verwandtschaft! Liebe Freunde!
Dummerweise gab ich vor einiger Zeit ein Verspre-
chen, das ich heute, wohl oder übel, einlösen muß.
Wer lacht denn da so hämisch? Das Versprechen,
von dem ich rede, gab ich meinen Freunden. Die
waren nämlich der Ansicht, wenn ich schon mal
heirate, so müßte ich auch eine Rede halten. Und so
kommt es, daß ich nun hier stehe und mir nicht, wie
ich es mir vorgestellt hatte, wohlmeinende Worte
anhöre, sondern selbst welche verstreue.

Ich will euch zuerst alle herzlich begrüßen. Ein
jeder von denen, die wir, meine frischangetraute
Frau und ich, eingeladen hatten, ist auch gekom-
men. Ich finde das wunderbar, denn sicher waren
einige dabei, die sich für den heutigen Tag nicht
ohne Schwierigkeiten freimachen konnten. Ein be-
sonderer Dank gilt all denen, die die Mühen einer
längeren Anreise auf sich genommen haben.

Als ich diese Rede vorbereitete, stellte ich mir
lange die Frage: Worüber sprichst du am besten?
Über die Pflichten in der Ehe, die Treue, das fürein-
ander Einstehen hat der Pfarrer schon gepredigt.
Über die Rechte in der Ehe wurde ich von den
Fachleuten unter meinen Freunden aufgeklärt. Von
seiten der Eltern wurde mir bedeutet, welche Ver-
antwortung mit der Ehe einhergeht.

Ich gebe zu, das waren alles sehr richtige und vor
allem sehr weise Ratschläge. Sie alle zu befolgen,
wird eine Lebensaufgabe. Doch auf der anderen Sei-
te sage ich – und da werdet ihr mir Recht geben –,
um etwas zu lernen, muß man erst Fehler machen.

*Wir beide, meine Frau und ich, sind somit ange-
treten, um unsere eigenen Fehler zu machen. Aber
glaubt mir, wir beide haben die Absicht, diese Fehler auch wieder auszubügeln. Außerdem kann ja
eigentlich gar nichts schiefgehen, denn die vielen
Glückwünsche und Gratulationen, die wir heute
entgegennehmen durften, müßten eigentlich ein sor-
genfreies Leben garantieren. Ich danke euch allen
dafür.*

*Um niemanden zu verschrecken: Natürlich wol-
len wir zwei nicht nur Fehler machen und sie dann
wieder ausbügeln. Das wäre für die Dauer eines
ganzen Lebens zu dürftig und wohl auch zu langweilig.*

*So werden wir zunächst mal unsere neue »trau-
te Zweisamkeit« erproben und gehörig auskosten.
Später statten wir dann die längst fälligen Besuche
bei unseren Verwandten und Freunden ab, und
anschließend kehren wir so nach und nach wieder
in die Normalität des Alltags zurück. Denn Hochzeit, die »hohe Zeit«, die Zeit des Feierns einer
neuen Lebenssituation, ist eigentlich nur heute und
in den Flitterwochen.*

*Wenn dann wieder Normalität bei uns einge-
kehrt ist, so hoffe ich, daß wir den Erwartungen, die
man an ein junges Ehepaar stellt, wenigstens einigermaßen entsprechen und daß wir es schaffen,
eine stabile Familie aufzubauen. Wie gesagt, die
Fülle der guten Wünsche von eurer Seite müßte dies
eigentlich garantieren.*

*Und nun, laßt euch den Hochzeitsschmaus mun-
den, ebenso den Wein und das Bier, und dann tanzt
bis tief in die Nacht. Meine Frau und ich haben
nämlich nicht vor, so ein Fest nochmals auszurich-
ten.*

Ansprache der Braut

*Liebe Freunde! Liebe Familie und liebe Schwieger-
familie!*

*Es ist zwar noch nicht so üblich, daß die Braut an
ihrem Hochzeitstag eine Rede hält, doch warum
eigentlich nicht?*

*Mein Frischangetrauter meinte, du redest so-
wieso gern, also kannst du auch diese Aufgabe
übernehmen. Da ich ja mit dem heutigen Tage ein
braves Eheweib geworden bin, höre ich natürlich
auf die Worte meines Mannes. Und ihr, liebe Gäste,
werdet nun nicht umhinkönnen, auf meine Worte
zu hören. Doch keine Angst, was ich zu sagen habe,
ist nicht allzuviel, und ich will mich bemühen, vor
dem Erkalten unseres Hochzeitsmahles zum Ende
zu gelangen.*

*Zunächst möchte ich euch allen mitteilen, wie
erfreut ich darüber bin, daß ihr unserer Einladung
ohne Ausnahme gefolgt seid und euch für den Hochzeitstermin nichts anderes vorgenommen habt.
Auch möchte ich gleich die Gelegenheit beim
Schopfe packen und euch herzlichst für die Ge-
schenke und die vielen Gratulationen danken, die
wir beide, mein Mann und ich, heute erhalten haben. Heute wurde uns so viel Glück gewünscht –
davon können wir in zehn Jahren noch zehren.*

*Die meiste Arbeit mit diesem Fest hatten wieder
einmal die Eltern, meine Schwiegereltern gehören
ja von heute an ebenfalls zu den Menschen, die ich
so anreden kann. Sie übernahmen den größten Teil
der Organisation. Sie zerbrachen sich den Kopf
darüber, was gegessen wird, wie die Menükarte*

aussehen soll, sie beschafften all die vielen Kleinigkeiten, die nötig sind, um ein solches Fest auszu-
richten. Sie waren es wohl auch, die heute das
meiste Lampenfieber hatten. An den aufgeregt ge-
röteten Gesichtern der Mütter und den unruhigen
Händen der Väter konnte ich jedenfalls mehr Erregung ablesen, als an mir selbst oder an meinem
Bräutigam.

Wer weiß, vielleicht sehe ich mich in zwanzig
oder fünfundzwanzig Jahren in der gleichen Situation. Jedenfalls hoffe ich, daß es so sein wird.

Ich will aber nun nicht zu sehr in die Zukunft
schweifen, von der Zukunft haben wir heute schon
genug gehört. Ich wende mich da viel lieber der
Gegenwart zu. Und die beschert uns den heutigen
Tag, der einer der wichtigsten ist und dies auch
bleiben wird in meinem Leben und im Leben meines
Mannes.

Von euch, meine lieben Gäste, wünsche ich mir
nur noch eines: Feiert den Tag heute ausgiebig und
seid so froh wie mein Mann und ich. Ihr sollt diesen
Tag nämlich, genau wie wir beide, in guter und
glücklicher Erinnerung behalten. Später sollt ihr
euch einmal gern daran erinnern, wenn ihr das
Familienalbum mit den Bildern dieser Hochzeit auf-
schlagt.

Und damit ich diesen guten Eindruck, den ihr
erhalten sollt, nicht schon vorher zunichte mache,
will ich nun lieber enden mit meiner Rede. Der erste
Gang unseres Menüs soll schließlich nicht kalt werden. So bitte ich euch, erhebt mit mir das Glas. Laßt
uns auf eine fröhliche Feier trinken. Auf euer Wohl!

Ein Paar mit großem Alters-
unterschied heiratet

Verehrte Gäste!
Bei allem Respekt: Wer hätte gedacht, daß unser
lieber ... (Vorname des Bräutigams), den wir doch
alle als einen eingefleischten, unerschütterlichen
Junggesellen kennen, sein Dasein doch noch in
eheliche Gefilde lenken würde? Gemunkelt wurde
zwar des öfteren, doch vor den Standesbeamten
brachte ihn noch keine Frau. – Bis jetzt.

Die Ehelosigkeit, ein gewisses Flair der Unge-
bundenheit umgab ihn die ganzen Jahre hindurch.
Gemäß der Bauernregel »Was reif wird, wird bald
faul« sprach er sich immer die Reife zur Ehe ab.
Nun aber entschloß er sich endlich, die Ernte seiner
Wanderjahre einzubringen und sich den Ring anle-
gen zu lassen, der ihm eine feste Bindung und
geordnete Verhältnisse verschafft.

Auf dem Weg in diese Verhältnisse beherzigte er
das Sprichwort »Drum prüfe, wer sich ewig bindet,
ob sich nicht doch was Bess'res findet« in beson-
ders ausgeprägter Weise. Wir können nur froh sein,
daß du, lieber ... (Vorname des Bräutigams), diese
sowieso schon verballhornte Spruchweisheit nicht
noch ein bißchen mehr abgewandelt hast, vielleicht
auf den Vers »Drum prüfe ewig, wer sich bindet, ob
sich nicht noch was Bess'res findet«. Hättest du
ewig geprüft, so säßen wir heute nicht hier und
könnten uns nicht auf euere Kosten einen schönen
Tag machen.

Eines muß ich allerdings eingestehen: Das lange
Prüfen und Warten hat sich gelohnt. Deine Frau
steht mit beiden Beinen fest auf der Erde und im

Leben. Sie ist jung und sie ist hübsch, und zu guter Letzt hat sie dir bei deinem Heiratsantrag noch nicht einmal einen Korb gegeben. Da kann ich nur sagen: Du bist beneidenswert!

Bis jetzt habe ich eigentlich nur von Dingen gesprochen, die ein – oder besser gesagt das hervorstechende Merkmal dieser Hochzeit umschreiben. Diese Hochzeit ist nämlich recht ungewöhnlich. Ungewöhnlich, weil es da einerseits diesen doch ziemlich unerbittlichen Junggesellen erwischt hat, ungewöhnlich aber andererseits auch, und das muß man einfach ansprechen, weil ihr beide an Jahren doch recht weit auseinander liegt.

Da sitzt die Braut in der Blüte ihrer Jugend. Sie ist noch früh in den Zwanzigern, und selbst die sieht man ihr kaum an. Und dort sitzt der Bräutigam, der trotz seiner jungen Gattin nicht leugnen kann, daß er die Vierzig schon überschritten hat. Man könnte nun anfangen und eine lange Reihe von Urteilen fällen, was davon zu halten ist, wenn ein an Jahren so ungleiches Paar den Bund der Ehe schließt. Doch ich glaube, solche Urteile sind nichts weiter als fadenscheinige Vorurteile. Denn letztendlich habt ihr beide doch etwas Wichtiges gemeinsam: Ihr seid beide noch unerfahren in Sachen Ehe. Ihr werdet beide erst einmal herausfinden müssen, wie das so ist, wenn man nicht mehr die Wohnung für sich allein beanspruchen kann, wenn man nicht mehr als Einzelperson, sondern als gesetzlich verbundenes Paar betrachtet und behandelt wird, wenn man für den Besitz gemeinsam zuständig ist, für das Bankkonto gemeinsam schuftet und wenn die Post zugleich an beide adressiert ist.

Damit die Gewöhnung an all diese Kleinigkeiten auch klappt, braucht ihr euch nur in geeigneter Weise ergänzen. Und gerade dafür seid ihr wie

geschaffen. Lieber . . . (Vorname des Bräutigams),
*du verbindest die Erfahrung deines Lebens mit der
jugendlichen Frische und dem schwungvollen Elan
deiner Frau. Und du, liebe . . .* (Vorname der Braut),
*du brauchst deinen Mann nur hin und wieder etwas
anzufeuern. Dabei solltest du ihm jedoch nicht zu
viel abverlangen. Er ist keine zwanzig mehr. Hin
und wieder wird ihm schon die Puste ausgehen. In
solchen Fällen genügt dann meist Verständnis gepaart mit einigen aufmunternden Worten, schon
läuft der Motor wieder ohne Holpern. Außerdem
bin ich sicher, wenn du nicht dem Idealbild seiner
Träume entsprechen würdest, hätte er dich gar
nicht erst geheiratet.*

*Im Laufe der Zeit wird dann auch der Altersun-
terschied nicht mehr so groß erscheinen. Ihr selbst
habt es in der Hand, ihn schrumpfen zu lassen. Du,
liebe . . .* (Vorname der Braut), *wirst dich wohl deinem Mann in der Reife annähern, und er wird
durch seine junge »bessere Hälfte« nicht so schnell
altern in seinen Ansichten. Dein Schwung wird ihn
da noch mitreißen, so daß er sich auch in zwanzig
Jahren noch nicht aufs Altenteil verzieht.*

*Was bleibt mir bei diesen verlockenden Aussich-
ten weiter, als euch zweien so eine Welle aus Glück
zu wünschen, daß ihr gerade eben nicht darin er-
trinkt. Erheben wir also unsere Gläser auf das
Brautpaar. Es lebe hoch!*

Ein Paar in der Mitte des Lebens heiratet

Liebes Brautpaar! Verehrte Gäste!
Nun muß ich doch einen Stoßseufzer loswerden: Na endlich! Zum guten Schluß einer langgehegten Absicht habt ihr doch noch eine Hochzeit zustande gebracht. Wir, die Freunde und Verwandten des Brautpaars, warten ja schon lange darauf. Mehrere Jahre sprechen wir davon, wann der bewußte Termin denn endlich stattfinden soll, wann endlich die Hochzeit von ... (Vorname der Braut) und ... (Vorname des Bräutigams) auf dem Programm steht.

Immer wieder wurden wir vertröstet. Einmal war es die Geldnot, dann die Wohnungsnot, das andere Mal wieder hatte der Bräutigam keine Zeit, anschließend zeigte die Braut wenig Lust zum Heiraten. So ging es die ganze Zeit hin und her.

Liebe ... (Vorname der Braut) und lieber ... (Vorname des Bräutigams), ihr habt uns eine Menge Rätsel aufgegeben. Viele von uns rechneten gar nicht mehr mit dem Zustandekommen dieser Ehe, die ihr heute geschlossen habt. Und selbst diejenigen, die sich doch noch ein Fünkchen Hoffnung erhalten hatten, die auf den Zahn der Zeit vertrauten, waren dann erst recht überrascht, als ihr im Frühjahr den Hochzeitstermin verkündet habt.

Wenn ich mir eure spitzbübischen Mienen betrachte, die ihr zwei, liebe ... (Vorname der Braut) und lieber ... (Vorname des Bräutigams), jetzt gerade aufsetzt, so neige ich schon fast zu der Ansicht, ihr wolltet die anderen um euch herum ein bißchen triezen. Ich gebe zu, das ist euch hervorragend gelungen.

Wie euch das ungewohnte Eheleben gelingen wird, muß sich erst noch herausstellen. Für uns, die Freunde und Verwandten, bedeutet es eine gewaltige Umstellung. Wir kennen euch als Paar, das nicht zusammenlebt, sondern noch seine eigenen Wege geht. Die Fesseln der Ehe habt ihr euch bisher noch nicht anlegen lassen. Und so seid ihr uns vertraut, so kennen wir euch seit vielen Jahren, ich kann schon sagen, seit Jahrzehnten. Da müßt nicht nur ihr euch in die Ehe hineingewöhnen. Wir müssen uns nun ebenfalls mit dem Gedanken abfinden, daß ihr von nun an als Ehepaar zu betrachten und entsprechend respektvoll zu behandeln seid.

Die Freunde um euch herum, die euch schon seit langem begleiten – manche stammen noch aus der Schulzeit –, heirateten alle der Reihe nach, schön brav, eben wie es sich für anständige Leute gehört. Sie, die einstigen »jungen Wilden«, wurden zu soliden Ehefrauen und treusorgenden Ehemännern. Ihr beide, liebe ... (Vorname der Braut) und lieber ... (Vorname des Bräutigams), wart die einzigen, die bei diesen Wandlungen nicht mitzogen.

Und manchmal habt ihr das ganz schön ausgekostet, wenn der Freund um elf Zapfenstreich hatte, weil die schmachtende Ehefrau zu Hause seiner harrte, oder wenn die Freundin eine Einladung zum Essen absagte, weil sei einfach keinen Babysitter auftreiben konnte. Mit solchen Rücksichten mußtet ihr beide euch noch nicht herumschlagen.

Da dürft ihr mir nun doch das bißchen Schadenfreude gönnen. Jetzt nämlich sind auch für euch die ungepflegten Zeiten vorüber. Mein lieber ... (Vorname des Bräutigams), nun heißt es: die Hemden abends nicht mehr auf den Fußboden werfen, sondern zumindest fein säuberlich über den Stuhl hängen. Die Gardinen dürfen auch nicht mehr ein-

geräuchert werden, weil du dir damit aller Wahrscheinlichkeit nach eine Gardinenpredigt einhandelst. Und die durchzechten Nächte kannst du sowieso abschreiben. So was schickt sich nicht für einen verheirateten Mann, der muß seinen guten Ruf wahren.

Und für dich, liebe ... (Vorname der Braut), heißt es in Zukunft: aufstehen und Kaffee kochen, bevor dein Göttergatte das warme Nest verläßt. Flirts mit anderen Männern sind für bürgerlich gefestigte Ehefrauen von vornherein passé, und die Freundinnen werden in Zukunft anrufen müssen, bevor sie dich heimsuchen. Dein Ehemann will schließlich auch etwas von dir haben.

Aber keine Panik, die Ehe hat auch gewisse Vorzüge. Und diejenigen, die es richtig anpacken, werden bestimmt so bald nicht bereuen, vor den Traualtar getreten zu sein. Außerdem, wenn ich an das Sprichwort »Was lange währt, wird endlich gut« denke, so muß ich davon ausgehen, daß eure Ehe von vorbildlicher Qualität sein wird. Und genau das wünsche ich euch, das wünsche ich im Namen aller Freunde und Verwandten und in meinem Namen. Trinken wir auf unser Brautpaar!

Zu einer Seniorenhochzeit

Verehrtes Brautpaar! Liebe Hochzeitsgäste!
Hätte ich einen Hut auf, so müßte ich ihn nun mit
einer tiefen Verbeugung vor diesem Brautpaar zie-
hen. Denn es gehört schon eine ganze Portion Mut
dazu, in diesem Alter noch eine Ehe zu schließen.
Es gehört Mut dazu, weil es auch heute, in unserer
ach so aufgeklärten Zeit noch genügend Leute gibt,
die eine Heirat ablehnen, wenn das halbe Jahrhun-
dert an Lebensjahren von den Brautleuten schon
überschritten wurde. Dabei ist es ja eigentlich ganz
schön selbstgefällig, den älteren und alten Men-
schen das madig zu machen, was man sich selbst
gönnt und was doch in jede Lebensphase eines
Menschen gehört: die Partnerschaft zwischen Mann
und Frau.
Es gehört aber auch Mut dazu, sich überhaupt
noch dazu zu bekennen, daß der Frühling der Ge-
fühle noch nicht vorbei, das Herz noch nicht einge-
rostet ist, sondern man im Gegenteil noch immer
die Fähigkeit besitzt, eine Liebesbeziehung aufzu-
bauen.
Außer dem Mut braucht ein Paar, wie ihr es seid,
liebe ... (Vorname der Braut) und lieber ... (Vor-
name des Bräutigams), auch noch einen gehörigen
Vorrat an Jugendlichkeit. An euch bestätigt es sich,
an euch kann man unschwer ablesen: Die Liebe
erhält zwei Menschen jung. Und zwar jung im Gei-
ste und jung im Sinne von schwungvoll und aufge-
schlossen allem Neuen gegenüber.
Ihr wollt noch nicht auf das Abstellgleis. Und
eben weil ihr dies nicht wollt, seid ihr hergegan-

gen und habt Pläne geschmiedet. Das Wunderbare daran ist, daß es gemeinsame Pläne sind, die ihr gemeinsam verwirklichen und gemeinsam auskosten werdet. Ich bin sicher, all das, was ihr euch vorgenommen habt, all das, was ihr beide noch zusammen erleben wollt, werdet ihr auch durchführen. Die Schließung dieser Ehe ist der sicherste Beweis dafür, daß ihr die nötige Energie noch aufbringen könnt.

Obwohl ihr euch eures Alters bewußt seid, eines Alters, in dem man das Leben nicht mehr vor sich hat, sondern den größten Teil davon schon hinter sich, trotzdem seid ihr diese Ehe eingegangen. Ihr pflanzt damit einen jungen Baum, in der Hoffnung, daß er Früchte tragen möge. Ihr verkriecht euch nicht in ein Schneckenhaus und wartet die Dinge ab, die da noch auf euch zukommen mögen. Vielmehr habt ihr euch das Schneckenhaus auf den Rücken gebunden und seid Hand in Hand losgewandert.

Ich sagte gerade, obwohl ihr in einem Alter seid, in dem man das Leben nicht mehr vor sich hat, wurde geheiratet. Fast möchte ich sagen, glücklicherweise seid ihr in diesem Alter.

Denn wodurch kann man einer Ehe bessere Prognosen erstellen als durch eine Fülle an Lebenserfahrung. Da kann kein junger Bräutigam, keine junge Braut mithalten, mit keinem von euch beiden. Ihr kennt die Schliche des Schicksals, ihr seid euch bewußt, daß die Welt ein Irrgarten ist und keine überschaubare Rennpiste, und ihr habt in eurem Leben genug Menschenkenntnis gesammelt, um zu wissen, auf welchen Säulen eine erfolgversprechende Ehe ruhen muß. Und gerade diese Säulen, die die Namen Liebe, Treue und Vertrauen tragen, stützen euer Bauwerk.

Ja, man kann es euch ansehen, zwischen euch zwei gibt es Liebe. Wir wissen es, weil wir euch gut kennen und ihr eure Zuneigung auch nie versteckt habt. Sicher, das ist keine solche Liebe, die dem Überschwang der Jugend entstammt. Vielmehr ist eure Liebe gereift, sie wurde sehr sorgfältig geprüft, damit sie der Überlegenheit eures Alters, eurer eigenen Reife auch standhält.

Es zweifelt wohl auch keiner daran, am allerwenigsten ihr selbst, daß ihr einander treu seid. Die Zeit der Torheiten der Jugend ist längst überwunden. Und da ihr euch Liebe und Treue auf die Fahnen geschrieben habt, kann auch das dritte Element der Ehe, das gegenseitige Vertrauen, bei euch Einzug halten. Wenn einer dem anderen nicht vertrauen würde, so wärt ihr wohl kaum dieses Wagnis, das die Ehe trotz allem nun mal ist, eingegangen.

So kann ich euch nur noch beglückwünschen. Und dies nicht bloß zur heutigen Eheschließung, sondern eben auch zu der Kraft, die ihr beide in eurem Alter noch entwickelt, wenn es um das gemeinsame Leben geht. Mögen euch noch viele Jahre dieses Lebens in Harmonie vergönnt sein, und möget ihr auch weiterhin allen Anfechtungen widerstehen. Laßt uns also trinken auf das Wohl unseres gereiften, aber junggebliebenen Hochzeitspaares!

Gedanken zur Ehe

Verehrtes Brautpaar! Meine Lieben!
Ein Sprichwort sagt: »*Die Ehe ist ein Hafen im Sturm, öfters aber ein Sturm im Hafen.*« *Damit, liebe . . . (Vorname der Braut) und lieber . . . (Vorname des Bräutigams), will ich euch einstimmen auf das, was noch auf euch zukommen wird. Denn, wie schon ein anderes Sprichwort sagt:* »*Nach den Flitterwochen kommen die Zitterwochen.*« *Was euch jetzt noch als höchste Vollendung eures Glücks vorkommt, kann bald umschlagen in Enttäuschung. Vielleicht hattet ihr euch das Zusammenleben ganz anders vorgestellt, wahrscheinlich leichter als es sein wird.* »*Die Ehe ist eine Lotterie*«, *sagt der englische Dichter Ben Jonson. Damit will er ausdrücken, daß man Glück haben kann oder auch eine Niete zieht.*

Es liegt mir fern, euch jetzt die Zukunft grau in grau vorzuführen. Was ich sagen will, ist dies: Gebt euch gleich von Anfang an keinen Illusionen hin. Wer hoch hinaus will, fällt recht tief. Wenn ihr auf dem Boden der Realität bleibt, werdet ihr auch euer Versprechen, ein Leben lang zusammenzuhalten, einlösen können. Ich möchte euch nur einige Denkanstöße geben über diese komplizierte Einrichtung, die die Ehe nun mal ist.

Und so seid ihr zwei auch mit Recht guter Dinge, ihr stürzt euch voll Tatendrang auf eine neue Sache, behaftet mit dem ungezähmten Willen, das Beste aus dieser jungen Ehe zu machen. Das erste, was ihr im Laufe der Zeit feststellen werdet, ist, daß sich auch in der Ehe bald Gewöhnung einstellt.

»Die Ehe ist ein Buch, dessen erstes Kapitel in Poesie und dessen restliche Kapitel in Prosa geschrieben sind«, meint Beverly Nichols, ein englischer Schriftsteller. Und so wird es auch sein, Routine kommt auf. Sie wird seine anfänglich voll Liebe gebügelten Hemden bald verwünschen, er wird nach einiger Zeit bemerken, daß Blumensträuße nicht nur Freude schenken, sondern auch Geld kosten. Sie wird mit der Zeit nicht mehr ungeduldig auf seine Ankunft warten, er wird ihr bald nicht mehr neue, unbekannte, sondern vertraute, preiswerte Restaurants vorschlagen.

Die Liebe, die anfangs in jeder Geste, in jedem Handgriff und in jedem Blick verborgen lag, wird sich mit der Zeit aus dem Vordergrund zurückziehen. Doch auch Prosa kann schön sein, kann romantisch sein und mit Stunden des Glücks aufwarten. Der Alltag holt euch zwar ein und läßt euch nur wenig Zeit füreinander. Doch diese Zeit wird um so schöner sein, so kurz sie auch bemessen ist.

Etwas anderes werdet ihr mit den Jahren feststellen. Selbst Dinge, die anscheinend gleich bleiben, wandeln sich mit der Zeit. So verändern sich auch die Menschen, zwar fast unmerklich, doch mit den Jahren nehmen sie an Erfahrung zu. Die Eigenheiten ändern sich, manche Untugenden verschwinden, dafür tauchen andere auf. Und so stimmt es, was der dänische Philosoph Kierkegaard schrieb: »Die Ehe ist und bleibt die wichtigste Entdeckungsreise, die der Mensch machen kann.«

Eine Reise ins Ungewisse wird es allemal, auch wenn ihr euch heute eurer Liebe so gewiß seid. Keiner kann voraussagen, was das Schicksal bringen wird, wie der Fahrtwind eure Segel dreht. Es wird hohe Wogen geben, so daß ihr zu schaukeln meint, es wird Sturm geben, in dem ihr Angst habt vor dem Untergang, und es wird Flauten geben, in denen ihr nicht wißt, wie ihr von der Stelle kommt.

Ihr habt keine Garantie für eure Liebe. Vielleicht habt ihr Glück und könnt im Alter noch sagen: Irgendwo lieben wir uns noch so wie am ersten Tag. Vielleicht aber wandelt ihr euch so sehr, daß nach zehn Jahren nicht mehr viel übrig ist von der einstigen Liebe. »Die Ehe ist das höchste Geheimnis.« Dieser Satz stammt von Novalis. An eurer goldenen Hochzeit werdet ihr der Lösung dieses Geheimnisses einen oder zwei Schritte näher gekommen sein, doch trotzdem seid ihr auch dann noch weit davon entfernt, es aufzudecken.

Ihr könnt nur auf das naturgegebene Bündnis bauen, das so alt ist wie die Menschheit selbst. Auf das Bündnis zwischen einem Mann und einer Frau, die sich zusammentun, weil sie zusammengehören, weil sie die zwei Hälften eines Ganzen bilden. Daß dabei jeder Abstriche machen muß, ist ebenso selbstverständlich, wie es oft in der Ehe vergessen wird.

Man braucht nun nicht gleich so pessimistisch dreinblicken, wie es zwei russische Sprichwörter empfehlen, von denen das eine sagt: »Selbst eine gute Ehe ist eine Bußzeit«, und das andere rät: »Gehst du in den Krieg, so bete einmal, gehst du zur See, zweimal, in die Ehe, dreimal.« Dem möchte ich einen Satz des englischen Schriftstellers Gilbert Chesterton entgegenstellen, der da lautet: »Die Ehe ist ein bewaffnetes Bündnis gegen die Außenwelt.« Und die Bibel fällt sozusagen ein Grundsatzurteil mit dem bekannten Ausspruch »Es ist nicht gut, daß der Mensch allein sei.« Dies ist schon für sich ein Grund zur Heirat, und dieses Zitat erklärt auch gleich den Zweck der Ehe und bezeichnet den Gewinn aus ihr: der Einsamkeit entrinnen, schöne und schlechte Stunden teilen.

Jeder Gewinn aber hat seinen Preis. Der Preis der Zweisamkeit ist – paradoxerweise – die Einsamkeit in der Ehe. Jeder der beiden Ehegatten wird sich oft genug einsam fühlen mit seinen Gedanken, die von denen des anderen so verschieden sind, mit seinen Wünschen, für die der andere kein Verständnis aufbringt, mit seinen Eigenheiten, die den anderen ärgern. Doch wir müssen uns auf der Erde und in unserem Leben damit abfinden, daß jedes Ding seine zwei Seiten hat, die zwar verschieden voneinander sind, die sich aber dann doch wieder gegenseitig aufwiegen.

Wenn ihr beide nun, liebe . . . (Vorname der Braut) *und lieber . . .* (Vorname des Bräutigams), *mit diesem Bewußtsein in die Ehe geht, daran denkt, daß keiner von euch seine Fehler mit dem Jawort abgegeben hat, und wenn ihr deswegen bereit seid, Kompromisse zu schließen, so werdet ihr nicht scheitern mit eurem Vorhaben, ein Leben zusammen durchzustehen.*

So will ich euch nun zum Abschluß dieses kleinen Ausflugs in die Gefilde der Ehe noch viel Glück für gutes Gelingen wünschen. Diesen Wunsch verbinde ich auch gleich mit einem Sprichwort, das nun endgültig das letzte in einer Parade kluger Sprüche und Weisheiten sein soll: »Mäßiges Glück währt am längsten«, sagt man, und dies solltet ihr euch heute, am Beginn eurer Ehe, ans Herz legen. Ich erhebe nun mein Glas und trinke auf diese tückische und doch so viel Freude bescherende Einrichtung Ehe!

Erkenntnisse eines Eheerfahrenen über das Eheleben

Liebes Brautpaar! Verehrte Gäste!

Worüber spricht man am besten bei einer Hochzeit? Aus der Fülle der Themen ragt eines ganz gewaltig hervor: Am besten spricht man über die Ehe, die ja mit der Hochzeit ihren Anfang nimmt. Und außerdem seid ihr beide, liebe ... (Vorname der Braut) und lieber ... (Vorname des Bräutigams), noch dermaßen unerfahren darin, daß es an der Zeit ist, euch aufzuklären. Da ich mich nun durch jahrelange, ja sogar jahrzehntelange Erfahrung, durch ein minutiöses Studium der Ehe bestens auskenne in diesem Metier, fühle ich mich dringendst dazu berufen, euch einen kleinen Einblick zu gewähren.

Jedes Ding hat bekanntlich zwei Seiten, die gute und die schlechte. Die Ehe hingegen kann drei Seiten aufweisen. Die gute Seite; sie erzeugt angenehme Gefühle. Die schlechte Seite; von ihr nehmen die Magengeschwüre ihren Anfang. Und die finanzielle Seite, die Ursprung für alles mögliche sein kann und das meiste Kopfzerbrechen bereitet.

Neben der Liebe und neben dem Streit spielt eben das Geld die wichtigste Rolle im Leben zweier Ehepartner. Der Bräutigam merkt als erstes nach der Hochzeit, daß die Mark jetzt nur noch fünfzig Pfennig wert ist, und die Braut muß sich in Zukunft schon am Zwanzigsten eines jeden Monats für den Kampf um mehr Wirtschaftsgeld rüsten. Diesen Kampf müssen die Eheleute dann am Ersten austragen. Wer dabei die Oberhand behält, ist ungewiß. Am besten derjenige, der besser rechnen kann.

Meistens aber derjenige, der das Bankkonto schneller erreicht und sogleich plündert.

So ist das eheliche Budget immer gut für einen deftigen Ehekrach. Liebe ... (Vorname der Braut) und lieber ... (Vorname des Bräutigams), auch wenn heute an diesem Festtag alles eitel Sonnenschein ist, wenn ihr euch fest vorgenommen habt, nicht um Kleinigkeiten zu zanken und die wichtigen Dinge in fairen Diskussionen auszutragen. Eines gar nicht allzu fernen Tages werdet ihr doch beide zur selben Zeit am Kochen sein und euch dann, als logische Folge, gewaltig in die Haare kriegen. Die Fetzen werden fliegen. Je impulsiver ihr seid, desto wörtlicher ist das zu verstehen. Es soll ja Ehepaare geben, die alle zwei, drei Wochen das gesamte Geschirr erneuern müssen und daher schon Mengenrabatt bei ihrem Händler kriegen.

Aber auch die Ehe muß sich hin und wieder abreagieren können. Da staut sich schon eine Menge Ärger an. Und ausgerechnet die Kleinigkeiten, um die man ja gar nicht streiten wollte, sind es, die so einen Berg Ärger ausmachen. Und eine Kleinigkeit bringt auch in aller Regel die Lawine ins Rollen. Ein Brandloch in der uralten Tischdecke etwa oder eine etwas zu salzig geratene Suppe.

Auf die Ehrentitel und sonstigen Nettigkeiten, die sich ein solchermaßen in Rage geratenes Ehepaar dann an den Kopf wirft, will ich, der guten Form halber, nicht näher eingehen. Einen guten Rat für dieses Ereignis habe ich jedoch auf Lager: Dinge, die im Streit gesagt werden, dürft ihr euch, liebe ... (Vorname der Braut) und lieber ... (Vorname des Bräutigams), nicht merken. Zum einen Ohr hinein, beim anderen Ohr wieder hinaus, das ist die beste Empfehlung, die ich geben kann.

Aber auch ein Streit hat neben seinen schlechten Seiten einige gute. Angehäufte Aggressionen können abgebaut und so die Kosten für einen Psychiater vermieden werden. Außerdem kommt endlich mal Abwechslung in die Ehe. Auch immerwährender Sonnenschein kann einem ganz schön auf die Nerven fallen. Und zu guter Letzt zieht der Streit in einer an sich intakten Ehe die Versöhnung nach sich. Schon um derentwillen ist es angebracht und ratsam, ab und zu, wenn der Tag recht eintönig zu werden verspricht und man am Abend noch nichts Besonderes vor hat, einen netten kleinen Ehekrach in die Tagesordnung zu mogeln.

Apropos Tagesordnung: Auch in der bestens organisierten, programmierten und einstudierten Ehe kann das Unerwartete eintreffen, immer dann, wenn der oder die Erwartete eben nicht eintrifft.

Er verspricht ihr: Um neun bin ich zu Hause. Sie bereitet, mit lauter Liebe, versteht sich, das Essen vor und sitzt um neun fertig angezogen und bemalt am Tisch. Um es gleich vorwegzunehmen: Der Gatte kommt nicht um neun. Er kommt auch nicht um zehn. An diesem Tag kommt er überhaupt nicht mehr nach Hause, weil er einen alten Schulfreund getroffen hat, der ihn nun sträflich lange aufhält, bis ein Uhr früh. Sie aber durchläuft in dieser Zeit die drei klassischen Phasen des Wartens, Phasen, die altgedienten Eheleuten so vertraut sind wie das Pfeifen des Wasserhahns.

Zunächst ist die Ehefrau noch recht gut gelaunt. Um halb zehn etwa tritt Phase eins ein. Die Stimmung verdüstert sich, Wolken ziehen am bislang blauen Himmel auf, der Ärger steigt. Sie denkt sich schon Verwünschungen aus. Um zehn nimmt sie den Auflauf aus der Röhre – er ist vor Gram mittlerweile in sich zusammengesunken – und ißt ihn auf.

Ganz alleine. Nun soll der säumige Gatte auch nichts mehr davon haben.

Nach diesem etwas zu reichlichen Mahl nähert sich die Uhr der elften Stunde, die Stimmung nähert sich Phase zwei. Die Gattin beginnt sich zu sorgen. Es wird doch nichts passiert sein? Das Wetter ist zwar nicht gerade schlecht, doch wer weiß? Nach einer weiteren Stunde aber erkennt sie, daß gar nichts passiert sein kann, sonst hätte schon längst das Telefon geklingelt.

In der nun folgenden dritten Phase sorgt sie sich jedenfalls nicht mehr um den Gatten. Sie findet es auch nicht mehr angebracht, sich zu ärgern. So geht die versetzte Ehefrau beleidigt zu Bett und fällt in einen leichten Schlaf. Den schuldbewußten Ehemann, der sich um ein Uhr endlich ins Schlafgemach schleicht, ignoriert sie völlig.

Solche kleinen Mißhelligkeiten lösen sich, wie ich als erfahrener Ehemann weiß, recht bald wieder auf. Allerdings gehört schon einige Kunst des Schmeichelns dazu, um den Knoten platzen zu lassen. Liebe . . . (Vorname der Braut) *und lieber . . .* (Vorname des Bräutigams), *nun dürftet ihr auch begriffen haben, daß die Ehe wahrlich kein Honiglekken ist. Die Verhältnisse sind kompliziert.*

Gänzlich unüberschaubar werden sie aber, wenn sich die Familie erweitert. Solange ihr nur zu zweit dem Familienleben frönt, wißt ihr genau, wer das Kommando führt. Der Mann ist das Oberhaupt der Familie und hat auszuführen, was seine Frau ihm sagt.

Diese scheinbar so festgefügte Ordnung ändert sich schlagartig, wenn Kinder im Haus sind. Der Vater ist fest davon überzeugt, er als Ernährer habe das alleinige Sagen. Die Mutter gibt sich dem Glauben hin, sie lenke die Familie, da sich ja meistens sowieso alles um sie dreht. Leider merken beide nicht, wie das Regiment längst schon von den Kindern übernommen wurde. Die nämlich tanzen den Eltern auf der Nase herum, noch bevor sie überhaupt das Laufen erlernt haben. Dagegen läßt sich auch nicht angehen, das ist das Schicksal der Familie.

Wenn ihr nun, liebe . . . (Vorname der Braut) *und lieber* . . . (Vorname des Bräutigams), *nach all diesen Erkenntnissen, die ich aus meinem Erfahrungsschatz für euch hervorgekramt habe, noch nicht abgeschreckt seid, wenn ihr trotz aller Vorbehalte morgen doch nicht die Scheidung einreichen wollt, so beglückwünsche ich euch zu diesem Entschluß. Er beweist eure tapfere Lebenseinstellung. Wie der Ritter ohne Furcht und Adel sich ins Turnier wirft, so werft ihr euch in die ehelichen Scharmützel.*

Gewappnet seid ihr mit einem fundamentalen Wissen: Man muß in einer Ehe viel einstecken. Ist sie gut, steckt man viele Zärtlichkeiten ein, ist sie schlecht, viele Ohrfeigen. Jedenfalls aber sei euch von meiner Seite eine gute Ehe gewünscht und auch vergönnt. Sie wird Täler und Gipfel aufweisen, doch sie gibt auch genug Kraft, um aus dem Tal heraus den Gipfel wieder zu erklimmen. So erhebe ich nun mein Glas auf das Wohl dieser beiden jungen Leute. Viel Glück und den Segen einer langen, freudvollen Ehe!

Der geschiedene Bräutigam heiratet zum zweiten Mal

Verehrtes Brautpaar! Meine Lieben!
Laßt mich meine Rede beginnen mit einem Gedicht.

Zwischen dem Alten,
Zwischen dem Neuen,
Hier uns zu freuen
Schenkt uns das Glück.
Und das Vergangne
Heißt mit Vertrauen
Vorwärts zu schauen,
Schauen zurück.

Mit diesem Gedicht von Johann Wolfgang von Goethe, das meine Festrede einleitete, wollte ich euch einen Wegweiser in die Zukunft anbieten.

Heute steht ihr zwischen einem alten und einem neuen Lebensabschnitt. In eurem früheren Alltag befandet ihr zwei euch in verschiedenen Lebenssituationen. Nun, da ihr euch gefunden habt und zusammen den Eintritt in einen neuen Lebensabschnitt wagt, wird sich euer beider Weg vereinigen. Und er wird für euch so neu sein wie uns Menschen jede Zukunft neu ist. Wir stehen dem Schicksal unvorbereitet gegenüber, wir kennen nicht die Straßengabelungen, die Schleichwege und die Pfade durchs Dickicht, die uns noch bevorstehen.

Und doch, einer von euch beiden bringt schon etwas Erfahrung mit auf dem Gebiet der Ehe. Lieber ... (Vorname des Bräutigams), für dich ist diese Ehe der zweite Anlauf. Deine letzte Route verlief sich in einer Sackgasse. Du mußtest umkehren und die Richtung, die falsch gewählt war, ändern. So befindest du dich heute auf der Brücke, die sich zwischen deiner alten Ehe und der neuen Ehe spannt.

Nimm die Empfehlung des Gedichts ernst: *Schau vorwärts in die Zukunft mit deiner Frau, blicke aber auch zurück auf das Vergangene.* Dadurch kannst du den Unfall, den deine erste Ehe erlitt, im Neuanfang vermeiden, kannst Fehler leichter erkennen und kennst dich schon etwas aus in der Kunst, eine Bresche durchs Unterholz zu schlagen.

»Gebranntes Kind scheut das Feuer«, sagt ein Sprichwort. Du hast lange gezögert, eine neue Ehe einzugehen. Es dauerte schon einige Jahre, bis dein Scheitern überwunden war. Jahre, in denen du schmerzlich erfahren mußtest, wie kalt doch eine leere Wohnung sein kann. Jahre, in denen du abseits standest, in denen du betroffen die Zweisamkeit anderer Paare beobachtet hast.

Nun strebst du neue Zweisamkeit an mit einer Frau, die bereit ist, eine gemeinsame Straße mit dir aufzuspüren. Sie ist zwar noch unerfahren in Sachen Ehe, doch wird sie wohl die passende Ergänzung zu dir bilden, denn deine Wahl ging recht vorsichtig vonstatten. »Vorsicht ist die Mutter der Weisheit«, heißt es, und Vorsorge verhütet bekanntlich Nachsorge.

Sorge getragen für ein gemeinsames Glück habt ihr beide. Indem ihr nicht übereilt in eine Verbindung gestürzt seid, sondern die Dauerhaftigkeit vor dem Tausch der Ringe vielen Prüfungen unterzogen habt, wurde ein fester Untergrund geschaffen, eingedenk der alten Weisheit: »Vorgetan und nachbedacht, hat manchen in groß' Leid gebracht.«

Und so könnt ihr nun, da ihr die Brücke zwischen Gewesenem und Kommendem überquert, an Goethes Faust denken, der ausrief: »Im Vorgefühl

von solchem hohen Glück genieß ich jetzt den höch-
sten Augenblick.«

Auch ihr genießt den höchsten Augenblick, die
Hochzeit, den Beginn eurer Ehe. Ich wünsche euch,
daß er noch viele Augenblicke höchster Stimmung
nach sich zieht, daß euch die Zeit noch viel Glück
beschert, sich das frohe Vorgefühl im Alltag der
Ehe bestätigt und bewahrheitet. Dazu will ich euch
nun, am Ende meiner Rede angelangt, noch eine
Spruchweisheit von Paul Heyse mitgeben:

> *»Echtes ehren,*
> *Schlechtem wehren,*
> *Schweres üben,*
> *Schönes lieben!«*

Haltet dies ein und werdet glücklich auf dem Weg
der gemeinsamen Zukunft. Möge dieser Weg von
Sonne beschienen, vom Schatten erfrischt sein!

Die verwitwete Braut heiratet zum zweiten Mal

Verehrte Gäste!

Wieder einmal hat sich ein junges Paar gefunden und zusammengetan, das am Anfang nichts weiter gemein hatte als die Liebe füreinander. Und wie es dann so oft geht, wird eine Ehe daraus. Sie soll verhindern, daß durch allzu große Leichtsinnigkeit zwei Menschen übereilt auseinandergehen, sie soll die beiden fest aneinander binden, sie zu Partnern in der Bewältigung des Lebens machen und ihrer Liebe zueinander einen soliden, festen Rahmen geben.

Da sich unser Bräutigam einer Gefährtin angeschlossen hat, gab er seinem Tun und Streben einen neuen Sinn. Nun lebt er nicht mehr nur für sich allein, seine Ziele werden nicht mehr nur auf ein Leben, nämlich auf sein eigenes, ausgerichtet sein, sondern er wird sich auf das Glück zweier Menschen, auf das Gelingen seiner Ehe mit dieser jungen Frau hin orientieren.

Dabei hat er aber eine schwere Aufgabe übernommen, denn für unsere Braut ist die Ehe nicht neu. Wie wir alle wissen, verlor sie schon einen Partner. Er wurde dem Leben entrissen und hinterließ im Herzen unserer jungen Braut eine tiefe Kluft. Diese Kluft nun ohne Narben zu schließen, das wird deine Aufgabe sein, lieber . . . (Vorname des Bräutigams).

Ebenso wie ihr Mann übernimmt auch unsere Braut die Sorge für einen anderen Menschen. Liebe . . . (Vorname der Braut), *du mußt nun mit deiner neuen Liebe euer beider Zukunft in die Hand nehmen und wie dein Mann Sorge tragen für den Er-*

folg beim Schmieden gemeinsamer Pläne, beim Bewältigen der Schwierigkeiten und beim Formen eures Daseins. Auch da wird die gegenseitige Liebe zueinander Pate stehen und manchen Ausweg beschreiten, manchen Kompromiß entdecken helfen.

Diese Kraft der Liebe besingt schon das Hohelied Salomos, jenes »Lied der Lieder«, das man auch als »das schönste Lied« bezeichnet. Es preist die Liebe zwischen Mann und Frau. Im achten Abschnitt heißt es da: »Stark wie der Tod ist die Liebe, hart wie die Unterwelt. Ihre Gluten sind Feuergluten, gewaltige Flammen. Auch mächtige Wasser können die Liebe nicht löschen, auch Ströme schwemmen sie nicht weg.«

Solche Kräfte zu entwickeln, das, liebe ... (Vorname der Braut) und lieber ... (Vorname des Bräutigams), wünsche ich euch. Bedenkt aber auch die Worte eines Adelbert von Chamisso, der sagt: »Liebe ist kein Solo. Liebe ist ein Duett. Schwindet sie beim einen, verstummt das Lied.« Möge bei euch der Gleichklang und möge die Harmonie herrschen. Laßt keine unauflöslichen Dissonanzen entstehen im Zusammenleben. Und sollten sie doch einmal nicht zu umgehen sein, was immer wieder vorkommt, so wandelt sie bald wieder in Konsonanzen, wie es die Musik macht mit einer Melodie, die das Ohr nicht verletzen soll.

Wenn ihr auf diese Weise zueinandersteht, so kann die Liebe für euch das sein, was Novalis darunter verstand: »Die Liebe ist der Endzweck der Weltgeschichte und das Amen des Universums.« Und von Goethe stammt der Vers:

»Krone des Lebens,
Glück ohne Ruh,
Liebe bist du!«

Selbst Schiller spürte für sich das Weltbewegende in der Liebe auf: »Ohne Liebe kehrt kein Frühling wieder, ohne Liebe preist kein Wesen Gott.«

Freilich, so wie die Jahre euch umwandeln, so wird auch die Liebe ihr Gesicht ändern. Im 17. Jahrhundert schrieb Johann Scheffler:

>*»Die Liebe, wenn sie neu,*
> *Braust wie ein junger Wein;*
> *Je mehr sie alt und klar,*
> *Je stiller wird sie sein.«*

Eure brausenden Liebesstürme der ersten Wochen sind längst vorüber, eure Herzen haben sich abgeklärt, ihr seht nun die Welt wieder in realistischeren Farben.

Trotzdem verlor eure Liebe dadurch nicht an Kraft. Viel eher noch gewann sie an Inhalt, sie ist nun wesentlich beständiger als in den ungestümen Zeiten. Und wenn ihr zusammen alt geworden seid, wenn ihr euch so aneinander gewöhnt habt, daß ihr alleine gar nicht mehr existieren könnt, so wird die Liebe mit euch verwachsen sein, sie wird euch einen Schutzschild geben, den euch das Leben nicht mehr nehmen kann.

Von Ricarda Huch stammt der Satz »Liebe ist das einzige, was wächst, indem wir es verschwenden.« *Je mehr ihr euch Liebe gebt, desto mehr werdet ihr empfangen und um so dicker wird jener Schutzschild.*

Solange ihr noch in jungen Jahren seid, solange noch jedes neue Jahr für euch einen Frühling hat, jeder Lenz eine Gefahr für die junge Liebe bedeuten kann, so lange müßt ihr euch noch vorsehen und achtgeben auf dieses Kleinod Liebe, das für die heute geschlossene Ehe letztlich verantwortlich ist.

Denkt an das russische Sprichwort, das sagt:

»Liebe ist ein Glas. Es zerbricht, wenn man es zu unsicher oder zu hart anfaßt.«

Bei all dem wird eines deutlich: Es ist schwierig, die Liebe richtig zu handhaben, denn jeder weiß etwas anderes darüber, jeder hat eine andere Vorstellung davon, jeder fühlt etwas anderes dabei. Was heißt es eigentlich, jemanden zu lieben?

Jeder einzelne unter den Gästen wird sich darauf schon oft eine Antwort gesucht haben. All die gefundenen Erklärungen werden so verschieden sein wie die Gesichter hier im Raum. Und trotzdem steckt in jeder Antwort ein Körnchen Wahrheit.

»Jemanden lieben heißt, glücklich sein, ihn zu sehen«, meint da beispielsweise der französische Schriftsteller Henri Duvernois. Der Russe Dostojewski sagt: »Einen Menschen lieben heißt, ihn so zu sehen, wie Gott ihn gemeint hat.« Und Albert Camus schließlich erkannte: »Einen Menschen lieben heißt einwilligen, mit ihm alt zu werden.«

Ihr beide, liebe ... (Vorname der Braut) und lieber ... (Vorname des Bräutigams), macht euch am besten selbst den passenden Reim auf eure Liebe. Laßt mich jedoch zum Abschluß meiner Rede noch ein Gedicht Goethes, unseres in Liebesdingen recht bewanderten Dichterfürsten, hinzufügen, als Wegzehrung sozusagen:

> *Das Opfer, das die Liebe bringt,*
> *Es ist das teuerste von allen;*
> *Doch wer sein Eigenstes bezwingt,*
> *Dem ist das schönste Los gefallen.*

Ich wünsche euch nun erstens, daß ihr das schönste Los, den Hauptgewinn, heute gezogen habt, und zweitens wünsche ich euch eine glückliche Reise auf der Fahrt durchs Leben!

Die Brautleute heiraten beide zum zweiten Mal

Verehrtes Brautpaar! Liebe Freunde!
Es ist immer ein Glück, wenn sich zwei Menschen finden und einander so gut verstehen, daß sie zusammenbleiben wollen.

»Denn das Glück, geliebt zu werden, ist das höchste Glück auf Erden«, schrieb Herder in seinem »Cid«. Und in einem Sprichwort heißt es: »Wer das Glück hat, führt die Braut heim.« Wir Menschen können uns glücklich schätzen, daß wir zu solch tiefen Gefühlen überhaupt fähig sind.

Leider aber gehört auch der Irrtum zu den Seiten, die bei uns am menschlichsten sind. Da kann es schon mal vorkommen, daß man vermeint, in einem bestimmten Menschen das einzige Glück auf Erden gefunden zu haben. Erst zu spät stellt sich heraus, es war nur ein Strohfeuer, das zwar hell und beeindruckend aufflackerte, jedoch ebenso schnell sich wieder in Rauch und Asche auflöste.

Eine solchermaßen entzündete Liebesbeziehung, eine auf diese Weise gestiftete Ehe haben beide, unsere Braut und unser Bräutigam, schon hinter sich. Sie mußten die bittere Erfahrung einer fehlgeschlagenen Ehe machen. Sie mußten sich beide schon eingestehen, einen folgenschweren Irrtum begangen zu haben. Und das kann ganz schön schwierig sein, diese Wahrheit rüttelt an der Seele eines Menschen.

Um so mehr freut es mich heute, die Festrede zu dieser Ehe zu halten. Gerade weil unsere Braut und unser Bräutigam schon eine gescheiterte Ehe hinter sich haben, werden sie ihre Schritte ins Glück besonders bedacht setzen. Überstürztes Handeln, leichtfertige Eheversprechen, ungebändigten Liebestaumel haben sie vermieden. Sie wissen eben, wie leicht eine ungestüme Hochstimmung die Tatsachen verbirgt, wie leicht der andere mit verklärtem Blick gesehen wird. Jeder strebte eine neue Verbindung an, und jeder hatte Angst davor. Eben diese Angst vor einem neuen Irrtum leitete beide auf recht vorsichtigen Wegen ins Glück. Dieses Glück wird nun um so beständiger und dauerhafter sein.

Somit kann ich diese Ehe, die heute geschlossen wurde, als einen Zielpunkt bezeichnen. Der lange Marsch auf das Ziel hin begann für beide schon in ihrer früheren Ehe mit dem früheren Partner. Der Sinn der Ehe, ein Leben zu zweit zu führen, verlor sich damals. Irgendwie kam es dazu, daß jeder in seiner eigenen Welt zu leben begann, jeder entfernte sich von den Vorstellungen des anderen, und ein jeder wünschte sich doch für die Zukunft einen Partner, mit dem er wieder Gemeinsames verteidigen konnte. Ist es einmal so weit gekommen, fühlen sich die Eheleute im Stich gelassen vom anderen, kommt Einsamkeit auf, so ist eine Trennung doch die beste Lösung.

Unsere Braut und unser Bräutigam wählten die für sie beste Lösung, die Scheidung, und machten sich zwar vorsichtig, aber doch zielstrebig auf die Suche nach neuer Geborgenheit. Mit dem heutigen Tag haben sie ihr Ziel erreicht. Die zweite Ehe ist geschlossen.

Da haben beide viel Vorsicht walten lassen, um sich nicht auch ein zweites Mal in Fehler zu verstricken. Für beide kostete es anfangs wohl auch Überwindung, das gleiche Risiko, die Ehe, erneut zu wagen, wieder sich selbst und seine Gefühle ins Spiel zu werfen.

Mit dieser Hochzeit wird nun der Zielpunkt ihrer Suche zugleich zum Startpunkt des neuen Lebensabschnitts. Die Hoffnungen und die Enttäuschungen der ersten Ehe haben euch beiden, liebe ... (Vorname der Braut) und lieber ... (Vorname des Bräutigams), Erfahrungen mitgegeben, auf die andere junge Brautpaare nicht zurückgreifen können. Das Gestern kann bei euch dem Morgen die Richtung weisen. Das Vergangene kann im Kommenden den Korrekturstift ansetzen, wo er nötig wird.

Ein Risiko bleibt die Ehe allemal. Absichern kann sich keiner gegen Einschnitte, die die Jahre bringen werden. Doch ihr habt den Vorteil, einige wesentliche Fehler im Zusammenleben schon kennengelernt zu haben. Ich wünsche euch, daß ihr eure Erfahrungen gewinnbringend nutzen könnt. Sie sind euer Kapital, eure Aussteuer, die ihr in die Ehe einbringt. So laßt uns nun unsere Gläser erheben und trinken auf dieses Kapital und auf eine lange, freudenvolle Ehe. Zum Wohle!

Rede zum Abschluß der Feier

Liebes Brautpaar! Liebe Hochzeitsgäste!
Auch wenn manchem im Laufe des Tages die Konzentration schon abhanden gekommen sein sollte, so laßt mich, bevor wir unser Fest beschließen und nach Hause aufbrechen, doch noch ein paar Worte anbringen.

Es war ein großes Fest mit vielen Gästen und reichlicher Bewirtung, so wie es eben sein soll bei einer Hochzeit. Die meisten von uns – da schließe ich mich nicht aus – würden gerne noch weiterfeiern. So wie es in biblischer Zeit war, als die Hochzeitsfeste gleich eine ganze Woche dauerten. In Kanaan ging den Gastgebern sogar einmal der Wein aus. Doch da unter den Gästen hier, soweit ich das überblicken kann, keiner ist, der Wasser in Wein verwandeln könnte, und da wir allesamt niemand haben, der eine Woche lang kostenlos für uns arbeiten würde, müssen wir uns wohl oder übel an die alte Redensart halten, die da sagt: »Wenn's am schönsten ist, soll man aufhören.«

Ich glaube, wir alle werden uns später immer wieder gern an dieses Fest erinnern. Wir werden daran denken, wie wir zusammen gegessen, zusammen getanzt und uns gefreut haben mit diesem Brautpaar, das wir nun, ich will es einmal so ausdrücken, ins Leben entlassen.

Von jetzt an werdet ihr beide, liebe . . . (Vorname der Braut) und lieber . . . (Vorname des Bräutigams), euch als neue Lebensgemeinschaft bewähren müssen. Jetzt geht der Alltag los, der neben den schönen Stunden auch viele Sorgen mit sich brin-

gen wird. Aber wenn es nötig ist, so stehen wir euch schon zur Seite. Wozu hat man schließlich Freunde und Familie, wozu hat man Menschen um sich?

Besonders die Freunde sind da angesprochen, die das Brautpaar ja oft enger durchs Leben begleiten als die Verwandtschaft. »Wozu hätten wir Freunde nötig, wenn wir sie nie nötig hätten?« schrieb schon der alte Shakespeare.

Aber ich warne euch: Rennt den beiden Jungvermählten nicht allzu früh die Türen ein. Sie müssen nämlich zuerst mal die neue Zweisamkeit auskosten. Und schließlich soll keiner mit Paul Heyse sagen müssen: »Brautglocken sind der Freundschaft Sterbeglocken.«

Wenn das gemeinsame Leben dann zur Gewohnheit geworden ist, dann sind auch die Freunde wieder Gäste, die mit Ungeduld erwartet werden. Aller Erfahrung nach tritt diese Phase der Ehe bald ein.

Und vor einem anderen Fehler will ich die Freunde des Brautpaares bewahren: Wenn's bei den beiden dort eines Tages kracht, laßt es krachen! Mischt euch nicht ein, enthaltet euch aller guten Ratschläge, so berechtigt sie auch sein mögen. Laßt einfach die Fetzen fliegen. Denn solltet ihr trotz aller meiner Warnungen so ein heißes Eisen wie einen Ehekrach anfassen, werdet ihr euch mit Sicherheit die Finger verbrennen. Und während sich die beiden in trauter Zweisamkeit schon längst wieder versöhnt haben, seid ihr noch lange am Blasen.

Dasselbe gilt auch für die Verwandtschaft. Ich bitte euch, liebe Tanten und Onkel, besucht die jungen Leute, steigt ihnen aufs Dach, nehmt sie in Beschlag – aber bloß nicht öfter als einmal pro Jahr. Ein ungetrübtes Verhältnis und harmonische Familienbande werden der Lohn sein.

Ihr braucht ja nur an eure eigene Jugend zu denken, an die Tante, die in langen Sonntagnachmittagen das gute Wohnzimmersofa durchsaß, und an den Onkel, der mit seinen teuren Zigarren die Luft einnebelte, den Gardinen einen Gelbschleier verpaßte und sowieso immer alles besser wußte.

Aber jetzt genug der Ratschläge. Ich muß nun endlich auch einen großen Dank loslassen. Er gilt den Eltern. Sie waren es, die die Brautleute bis hierher durchs Leben geführt haben. Mit wechselndem Erfolg, wie das so ist bei den Söhnen und Töchtern. Liebe Eltern, Ihr müßt nun notgedrungen zusehen, wie ihr es alleine schafft. Jetzt ist der Zeitpunkt gekommen, wo ihr, liebe Eltern, auf eigenen Füßen stehen müßt. Und kluge Eltern wissen das auch. Ich sage das in vollem Ernst. Glaubt mir, die Schwiegermutterwitze sind nur aus Seufzern über unkluge Eltern entstanden.

Wenn ich schon beim Danken angelangt bin, so muß ich mich auch an die Wirtsleute wenden. Ausgezeichnet haben sie das Fest gestaltet, vorzüglich war das Essen und wie am Schnürchen hat alles geklappt. Ein herzliches Dankeschön.

Ein Dank auch an die Musikkapelle, die stramm durchgehalten hat, bis selbst dem unermüdlichsten Tänzer die Hühneraugen drückten.

Der wichtigste Dank jedoch gilt dem, der zahlt, wer immer das auch sein möge. Er hat keine Kosten für die Ausrichtung dieses Festes gescheut. Wer weiß, ob er sich noch einmal in solche Kosten stürzen würde. Die Rechnung hat er ja noch nicht zu Gesicht bekommen.

Meine letzten Worte an diesem Abend richten sich an die beiden Hauptpersonen, an die Brautleute selbst. Da tun sich mir auch gleich zwei Hoffnungen auf. Zum einen die Hoffnung auf baldigen Nach-

wuchs, die – wie könnte es bei einer Hochzeit anders sein – natürlich an erster Stelle steht. Schließlich soll die Familie erweitert, der Name fortgeführt und die miserable Geburtenstatistik verbessert werden.

Zum anderen hoffe ich und hoffen wir alle, daß ihr, liebe … (Vorname der Braut) *und lieber …* (Vorname des Bräutigams), *euer Versprechen einhaltet, das ihr euch gegeben habt: zusammenbleiben, bis daß der Tod euch scheidet.*

Und damit bin ich auch schon beim Ende angelangt. Ich wünsche den Hochzeitsgästen eine gute Heimfahrt und dem Brautpaar eine angenehme Hochzeitsnacht, auch wenn die jetzt, zu dieser vorgerückten Stunde, nicht mehr allzu lange dauert.

Reden zu Ehejubiläen

Zur silbernen Hochzeit

Verehrte Jubilare! Liebe Gäste!
Es gibt viele Paare, die 25 und mehr Jahre mitein-
ander verheiratet sind. Da könnte es dem einen
oder anderen schon in den Sinn kommen, das sei ja
gar nichts so Besonderes mehr. Aber wer ganz
verstohlen solche Gedanken hegt, der soll das erst
mal nachmachen, soll diese Leistung erst mal selbst
vollbringen.

Außerdem: Wir dürfen heutige Ehen und heuti-
ges Leben nicht in den Dimensionen von anno dazu-
mal messen. Da waren die Leute eben nicht so lange
verheiratet, weil sie einfach nicht diese enorme Le-
benserwartung hatten wie wir heute.

Trotzdem aber, obwohl die Lebensjahre heute
steigen und obwohl die Zahl der Ehejahre eigent-
lich mitsteigen müßte – es zeugt gerade in unserer
Zeit von außergewöhnlicher Widerstandskraft ge-
gen die Schwankungen der Gefühle, wenn zwei Men-
schen 25 Jahre lang gemeinsame Wege gehen. Ge-
rade heute, wo die Ehescheidung einfacher ist als je
zuvor, wo man so viel von der Freiheit des einzel-
nen, von Selbstverwirklichung und von Unabhän-
gigkeit spricht, zeugt es von Charakter, wenn zwei
Menschen ihre Zeit so lange gemeinsam verbrin-
gen.

So können wir nun eine Silberhochzeit feiern, ein
Jubiläum also. Und dies ist auch ein guter Grund,
einmal Rückschau zu halten. Es ist höchste Eisen-
bahn, daß ihr beide, liebe . . . (Vorname der Ehe-

frau) *und lieber ... (Vorname des Ehemannes), euch einmal einige Gewissensfragen stellt. Ich will dazu den Anstoß geben.*

Die Gretchenfrage, lieber ... (Vorname des Ehemannes), kommt gleich an den Anfang, damit du sie schnell hinter dich gebracht hast: Wie stand es eigentlich mit deiner Treue in den vergangenen 25 Jahren?

Mir ist zwar nichts Nachteiliges bekannt, doch könnte ich mir schon gut vorstellen, daß du des öfteren die Miniröcke der übrigen Damenwelt bewundert, dabei aber das neue Kleid deiner eigenen Frau keines Blickes gewürdigt, sondern schlichtweg übersehen hast.

Und war dir dann daheim der Fernsehsessel nicht lieber als die Küche, in der deine Frau mit dem Abwasch und dem Kochen beschäftigt war? Es wäre schon aufschlußreich, würde man nachzählen, wie oft du das Geschirrtuch in die Hand genommen und dann auch noch benutzt hast. Ich meine natürlich benutzt zum Abtrocknen, Brille putzen zählt nicht. Wahrscheinlich hast du jenes ominöse Tuch nur aus der Ferne und mit heimlichem Graus betrachtet.

Wie stand es denn mit dem Auto? Daß es öfter zum Waschen gebracht wurde als deine Frau für eine neue Dauerwelle zu ihrem Friseur, das ist mir klar. Die Frage ist nur, ob du es 7 Tage in der Woche mit Beschlag belegt hast, jeden Morgen damit zur Arbeit gefahren bist, während deine Frau ihre schweren Einkaufstaschen zu Fuß schleppen oder auf dem Fahrrad nach Hause balancieren mußte. Dabei hätte dir etwas Anstrengung auf dem Fahrrad sicher mehr gebracht als die Bequemlichkeit im Auto. Das kleine Bäuchlein wuchs und gedieh und läßt sich kaum mehr verstecken unter dem Anzug.

Ich will aber nicht ungerecht sein und so tun, als ob nur die Männer die Bengel wären, die Frauen aber die Engel. Nicht wahr, liebe ... (Vorname der Ehefrau)?

Wie stand es denn bei dir? Hast du die verstohlenen Flirts gezählt, die sich einstellten, als bei deinem Gatten die Haarpracht lichter und die Hose enger wurde, du aber wie eh und je und wie heute noch von deiner Attraktivität nichts eingebüßt hattest?

Und ich will gar nicht denken an die zu einem Klumpen Kohle verschmorten Braten und Kuchen, weil der Plausch mit der Nachbarin oder das Telefonat mit der Freundin zu interessant und gespickt von Neuigkeiten war.

Schließlich stelle ich mir auch die drängende Frage – meine eigenen leidvollen Erfahrungen spielen da mit –, wie sehr und wie oft hast du deinen Mann mit an Sadismus grenzenden Abmagerungskuren gepiesackt? Schließlich weiß doch jeder, die Liebe geht noch immer durch den Magen. Und der Kochlöffel vermodert, wenn er nicht genug ausgelastet ist.

Wenn ihr nun, liebe ... (Vorname der Ehefrau) und lieber ... (Vorname des Ehemannes), euer Gewissen erforscht und die kleinen Sünden, die sich da in 25 Ehejahren angesammelt haben, herauspickt, so braucht ihr noch lange nicht in Trübsinnigkeit zu verfallen. Zu guter Letzt machen solche Fehler doch auch die Würze einer Ehe aus. Es würde wohl dem einen oder anderen langweilig, gäbe es da nicht hin und wieder einen Anlaß zu einem kurzen, aber deftigen Streit. Ein Gewitter klärt die Luft und verschafft auch der Ehe wieder eine gereinigte Atmosphäre.

Unsere an Sprichwörtern und Redensarten so

reiche Sprache hat auch dazu die passende Sentenz parat: »Zwist unter Liebesleuten hat nicht viel zu bedeuten.«

Das hat sich ja bestätigt, da ihr nach 25 ereignisreichen Ehejahren noch immer zusammen seid und da ihr auch keine Anstalten macht, dieses Zusammensein abzubrechen. So kann ich euch zufrieden gratulieren, ich spreche meinen Glückwunsch aus und will euch den anderen, den jüngeren Ehepaaren zum Beispiel geben.

Was bleibt, ist der Wunsch für euch und für uns, die wir heute an diesem Ehrentag eure Gäste sein dürfen: Macht weiter wie bisher, damit wir uns auch nach weiteren 25 Jahren wieder hier versammeln und gemeinsam feiern können. Auf diese goldene Hochzeit freue ich mich schon jetzt. Ich erhebe mein Glas auf unser silbernes Brautpaar! Es lebe hoch!

Eine Tochter oder ein Sohn spricht zur Silberhochzeit der Eltern

Liebe Eltern!

Heute ist nicht nur für euch ein besonderer Festtag, sondern auch für eure Kinder. Als der älteste Sohn (als die älteste Tochter) fühle ich mich doch verpflichtet, euch zu gratulieren und zu danken, auch in Vertretung meiner Geschwister.

Ich sagte, heute sei auch ein besonderer Festtag für eure Kinder. Dieser Meinung bin ich deshalb, weil nach 25 Jahren Ehe und Kindererziehung der Zeitpunkt kommt, an dem die Kinder endgültig ihr eigenes Leben zu führen beginnen und an dem man sie wohl getrost schon als Erwachsene bezeichnen darf. So beginnt nun für uns alle, für unsere ganze Familie, ein neuer Lebensabschnitt, der vom vergangenen grundverschieden ist.

Für uns Kinder bedeutet das, daß wir nun nicht mehr so eng beieinander leben werden. Wir werden nach und nach heiraten und uns eine eigene Wohnung nehmen. Wir werden uns von den Nabelschnüren der Familie lösen. Ihr beide aber, liebe Mutter und lieber Vater, ihr werdet nun die Möglichkeit haben, euch gegenseitig wieder mehr Zeit zu widmen. Ihr werdet nicht mehr so sehr auf die Belange der Kinder achten müssen. Ihr werdet eure Reisen, die Ausflüge, sogar die Wohnung und das Essen nicht mehr auf die Kinder einstellen müssen, sondern ihr könnt jetzt tun, was euch selbst am liebsten ist.

Und da finde ich, ist es Zeit, einmal ein paar Worte des Dankes auszusprechen. Ihr habt uns Kinder aufgezogen, und das war sicherlich nicht immer leicht. Trotzdem habt ihr dies als die wichtigste gemeinsame Aufgabe während der vergangenen 25 Ehejahre betrachtet. Ohne jetzt mich selbst oder eines meiner Geschwister besonders loben zu wollen – ich darf, glaube ich, doch sagen, daß ihr stolz auf eure Kinder sein könnt. Nicht etwa, weil wir etwas Außergewöhnliches wären. Das ganz bestimmt nicht. Aber ganz einfach deshalb, weil wir alle zu Leuten geworden sind, die durch ihr Elternhaus in die Lage versetzt wurden, für ihr eigenes Leben die Verantwortung zu übernehmen. Euer gutes Beispiel in den 25 Jahren trug viel zu diesem Umstand bei. Und ich glaube, wir alle, meine Geschwister und ich, wären bei unserer eigenen Silberhochzeit glücklich, auf eine so gute Ehe zurückblicken zu können.

Viel Arbeit steckte dahinter. Liebe Mutter, 25 Jahre lang hast du dich abgemüht mit Putzen, Waschen, Kochen, mit der Erziehung der Kinder. Du hattest einen sogenannten Full-time-Job, eine Aufgabe rund um die Uhr, Arbeit an 7 Tagen der Woche und Arbeit in vielen verschiedenen Tätigkeitsbereichen. Immer hast du deine ganze Kraft für das Wohlergehen der Familie eingesetzt. Aber die Besonderheit deiner geleisteten Arbeit ist, daß man sie zu leicht übersah, denn sie wurde oft so verrichtet, daß weder dein Ehemann noch deine Kinder sie bemerkten. Das Essen stand auf dem Tisch, wenn wir aus der Schule kamen, die Wohnung war sauber, alles schien so, als erledigte sich die Arbeit von allein.

Wie wunderbar ist es doch, daß du dies alles aus deiner Liebe zu uns getan hast, wegen der Zusammengehörigkeit, wegen unserer Familie, kurz gesagt, wegen dem, was man heutzutage als zwischenmenschliche Beziehung bezeichnet.

Da ich weiß, wie spärlich in all den Jahren der Dank dafür gesät war, will ich heute, zu deiner Silberhochzeit, das Versäumnis nachholen und dir in meinem und im Namen meiner Geschwister danken. Und der gleiche Dank richtet sich auch an dich, lieber Vater.

In 25 Jahren bist du täglich zur Arbeit gegangen. Krankfeiern hat es bei dir nicht gegeben. Schon darin giltst du uns als Vorbild. Du hast Überstunden gemacht, um damals in den schlechten Jahren die Familie zu versorgen. Nur so war es überhaupt möglich, uns Kinder hochzubringen. Denn wir wissen recht gut, daß Kinder die teuerste Anschaffung im Leben zweier Menschen sind. Du hast dafür gesorgt, daß wir jedes Jahr gemeinsam in Urlaub fahren konnten, und hast dafür geschuftet, ein eigenes Haus zu bauen. Wir Kinder wissen recht gut, daß unsere Ausbildung ohne dich nicht möglich gewesen wäre. Und wenn wir in der Schule einmal nicht weiter wußten, so hast du uns auch da noch aus der Patsche geholfen.

Liebe Eltern, kurz gesagt: Ich finde es stark, was ihr da zustande gebracht habt. Und da nun ein neuer Lebensabschnitt folgt, wünsche ich euch dafür den gleichen Erfolg. Ebenso wie die vergangenen 25 Jahre werden auch die kommenden viele Sorgen bringen, Probleme, an die niemand gedacht hat, werden auf euch zukommen. Doch wenn ihr sie so gut meistert wie bisher, dann, meine ich, kann gar nichts schiefgehen. Meine Geschwister und ich wünschen dies für euch und für unsere Familie, mit der wir zufrieden sein können. Und so hoffe ich, daß wir uns in 25 Jahren wieder gemeinsam hier treffen und wieder auf ein erfolgreiches Vierteljahrhundert zurückblicken können.

Zur goldenen Hochzeit

Verehrtes Jubelpaar!
50 Jahre sind eine lange Zeit. Viele derer, die heute hier anwesend sind, um mit euch ein halbes Jahrhundert Ehe zu feiern, haben diese Zahl noch nicht einmal an Lebensjahren erreicht, und ihr beide, verehrte . . . (Vorname der Ehefrau) und verehrter . . . (Vorname des Ehemannes), habt sie schon allein mit den Ehejahren zusammen.

Kaum vorstellbar ist so eine Zeitspanne für uns, die wir noch überhaupt nicht oder bei weitem noch nicht so lange verheiratet sind. Ich glaube aber, daß euch selbst die Zeit gar nicht so immens lang erscheint. Ihr werdet eher etwas wehmütig zurückblicken und euch wundern, wie schnell doch die Jahre dahingeflossen sind.

Dabei war es noch vor dem Kriege, als ihr euch beide das Jawort gegeben und euch die Treue versprochen habt, als ihr beide gemeinsam beschlossen und verkündet habt, euer Leben miteinander zu durchwandern.

Die ersten Jahre der Ehe sind ja immer auch die schwierigsten. Da müssen sich zwei Menschen, zwei Charaktere, erst einmal zusammenfinden, sich zusammenraufen, wie man so sagt. Der Himmel hängt noch voller Geigen, die Sorgen werden leichtgenommen, aber man hat auch noch nicht so recht begriffen, daß man hin und wieder zurückstecken muß, weil auch der andere, der Mensch, den man sich zum Partner erwählt hat, ein Recht auf seinen eigenen Willen hat.

Gerade in diese kritischen Ehejahre fiel dann der

Krieg, der viele Familien auseinanderriß und zerstörte. Der Mann mußte fort, die Frau blieb zu Hause und bangte um das Leben des Gatten. Ihr war nun alle Verantwortung zugefallen, sie mußte sich um den gemeinsamen Besitz kümmern, sie mußte die Kinder versorgen und alleine aufziehen, sie konnte sich nicht auf den Partner stützen. Denn der lag in irgendeinem Schützengraben, wo er sich wahrscheinlich kaum vom Heimweh und von der Sehnsucht lösen konnte. Bis auf weiteres war er mit dem Vaterland verheiratet.

Doch ihr beide, liebe . . . (Vorname der Ehefrau) und lieber . . . (Vorname des Ehemannes), hattet unschätzbares Glück. Ihr konntet eure Ehe nach dem Krieg fortsetzen. Weder dieser furchtbare Krieg noch die lange Trennung noch die Veränderungen in und um euch nach dem Kriege taten eurer Liebe zueinander Abbruch.

Es waren schwierige Jahre damals. Ihr habt euch nicht unterkriegen lassen, sondern seid viel eher noch zusammengeschweißt worden durch die drückende Last der Sorgen, die ihr damals zu verkraften hattet. In den kaum nachempfindbaren Belastungen, die damals von euch und von vielen anderen Menschen getragen werden mußten, bewahrheitete sich das Sprichwort »Not bricht Eisen«.

Dann kam der Aufschwung. Mit dem Wirtschaftswunder wurden auch für euch die Zeiten besser. Aber nicht ohne Mühen, denn der neue Wohlstand forderte seinen Schweiß und seine Arbeit. Die Anstrengungen wurden entlohnt mit der Freude und dem Stolz über jede Neuanschaffung, die der Geldbeutel erlaubte. Die Wohnung konnte gemütlicher eingerichtet werden, sie war kein dunkles Loch mehr. Die Kinder, die sich schon anschickten, er-

wachsen zu werden, konnten hin und wieder auf neue Kleidung hoffen.

Jetzt, im gesetzten Alter, dürft ihr beide Rückschau halten auf ein erfülltes Leben. Was daran besonders wichtig ist: Dieses Leben wurde gemeinsam gelebt, die Schwierigkeiten gemeinsam gemeistert. Die Jahre waren oft schwer gewesen, die Last der Sorgen drohte damals die Menschen fast zu erdrücken, doch trotzdem schaut ihr, wie ich glaube, gerne zurück auf eure Erlebnisse.

Marie von Ebner-Eschenbach sagt: »Nicht was wir erleben, sondern wie wir empfinden, was wir erleben, macht unser Schicksal aus.« Und von Friedrich Nietzsche stammt der Satz: »Unsere Erlebnisse sind viel mehr das, was wir hineinlegen, als das, was darinliegt.«

Eure eigene Einschätzung der Ereignisse, eure eigene Wertung ist ausschlaggebend. Und ich meine, ihr beide empfindet die Jahre, die nun der Vergangenheit angehören, die schon zu Geschichte geworden sind, aber auch die Jahre, die noch kommen werden, in euren Gedanken als gute Jahre. Würdet ihr nicht so empfinden, so hätte eure Ehe wahrscheinlich gar nicht so lange gedauert. Jetzt, da ihr beide im Ruhestand seid nach einem arbeitsreichen Leben voller Entbehrungen, könnt ihr die Früchte eures Fleißes ernten.

Vor allem aber sollt ihr euch freuen und dankbar sein, daß ihr beide ein so hohes Alter erreicht habt und daß euch dieses Alter bisher so wenig anhaben konnte. Obwohl manches zäher geht als früher, obwohl ihr wahrscheinlich eine langsamere Gangart bei der einen oder anderen Gelegenheit einlegen müßt, strahlt ihr doch noch eine junge Frische aus. Und auf die kommt es an. Auch wenn das Gedächtnis hin und wieder versagt, wenn man ohne

Brille die Zeitung nicht mehr lesen kann oder wenn ihr nicht mehr wie früher zwei Treppen auf einmal nehmen könnt. Auf solche unwichtigen Äußerlichkeiten kommt es doch überhaupt nicht an.

Ängste und Sorgen der Zeit haben sich in eure Gesichter eingegraben. Die Sorgen sind verflogen, doch die Falten bleiben zurück. Auch sie sind heute bedeutungslos, auch sie stellen nichts weiter als Äußerlichkeiten dar. Was geblieben ist, ist die Erinnerung an die schönen Stunden, an die Freuden des Lebens, die es trotz allem immer gegeben hat, an das Lachen, das bei all den Sorgen doch herzlich und herzhaft geblieben ist. Auch davon zeugen Falten im Gesicht, sympathische Falten, eben Lachfalten. Gerade die sollen sich in Zukunft noch vermehren in eurer Sammlung. Sie zeigen, daß ihr in eurem Herzen und in eurer Erinnerung ein Kapital von glücklichen Erlebnissen anwachsen laßt.

Und dies wünsche ich euch nun, da ich am Ende meiner Festrede zu dieser goldenen Hochzeit angelangt bin: einen unermeßlichen Reichtum an schönen Erinnerungen und eine goldene Zukunft. Laßt uns trinken auf diese Zukunft unseres fünfzigjährigen Hochzeitspaares. Möge euer Weg auch weiterhin von der Mittagssonne beschienen sein, denn die Mittagssonne wirft die kürzesten Schatten!

Ein Sohn oder eine Tochter spricht zur goldenen Hochzeit der Eltern

Verehrte Familie! Liebe Eltern!

Meine Geschwister und ich, wir dürfen uns glücklich schätzen. Welchen Sprößlingen ist es schon vergönnt, daß sie die goldene Hochzeit der eigenen Eltern miterleben. Dieses Fest ist für uns alle, auch für die Gäste, etwas Außergewöhnliches. Für mich ist es sogar so herausragend, daß ich mich aufgeschwungen habe, um eine Rede zu halten. Ich möchte euch doch gern mitteilen, was mich am heutigen Festtag am stärksten bewegt.

Liebe Mutter, lieber Vater, 50 Jahre eures Lebens seid ihr nun zusammen. Einzeln, den Vater ohne die Mutter, die Mutter ohne den Vater, könnten wir uns euch beide gar nicht mehr vorstellen. Ihr seid euch in diesen Jahren so nahe gekommen, seid so eng zueinander gerückt, daß es jedem von euch eine schmerzliche Wunde reißen würde, müßtet ihr auseinandergehen.

Da drängt sich mir der Vergleich mit zwei Bäumen auf, die, recht eng beieinander gepflanzt, mit der Zeit wachsen und größer werden. Zuerst verschlingen sich die Äste ineinander, und je höher die Bäume wachsen, desto unmöglicher wird es, ihre Äste voneinander zu lösen. Schließlich, eines Tages, kommen sich sogar die Stämme der beiden Bäume, die an Dicke zugenommen haben, so nahe, daß sie miteinander verwachsen und fortan als ein einziger Stamm gelten. Würde man die beiden Bäume nun gewaltsam voneinander trennen, so würden sie zwar nicht verdorren, doch ihre Schönheit und ihre Lebensfrische wären dahin. Ihre Wunden wä-

ren so entsetzlich, daß sie kaum verheilten und häßliche Narben hinterließen.

So, liebe Mutter, lieber Vater, ist es mit euch beiden verlaufen. Ihr seid zusammengewachsen in diesen 50 Jahren. Ihr seid zu einem Stamm geworden, der von zwei verschiedenen Stellen seinen Anfang nahm und sich dann vereinigte.

Und obwohl eure Kinder nun schon so alt sind, obwohl sie auch schon bald Silberhochzeit feiern, können wir trotzdem noch viel von euch lernen. Ihr seid ein Beispiel dafür, wie eine Ehe ein halbes Jahrhundert überdauern kann und trotzdem nicht langweilig und fade wird.

Wenn etwas so lange anhält, besteht ja immer die Gefahr, daß es dem einen oder dem anderen Partner gleichgültig wird, ob man nur noch so nebeneinander herlebt und sich bloß aus dem Grund nicht scheiden läßt, weil man sich schon als zu alt dafür hält oder weil das triste Nebeneinander zur Gewohnheit geworden ist. Glücklicherweise ist so eine Gleichgültigkeit bei euch nie eingetreten.

Ich suche dafür schon seit langem nach einer plausiblen Erklärung. Sicherlich, um eine lange Ehe zu führen, gehören viele Dinge dazu. Einmal müssen beide Partner Kompromisse schließen, jeder muß mal nachgeben können, und jeder muß vor allen Dingen stets auch auf das Wohlergehen des anderen bedacht sein. Doch das allein kann nicht Ursache für die Dauerhaftigkeit eurer Ehe sein.

Ich glaube, der Grund ist ganz einfach eure gegenseitige Liebe. Die hat sich zwar in den Jahren gewandelt. Sie hat vielleicht ihr Gesicht verändert, ist mit euch älter geworden. Doch das Herz dieser Liebe muß wohl das gleiche geblieben sein, sonst könnte sie zwischen euch nicht heute noch, nach 50 Jahren, so viel Ausstrahlung besitzen.

Gerade dazu, zu dieser Liebe, habe ich ein schönes Gedicht gefunden. Es stammt von Johann Wolfgang von Goethe, der sich ja in Herzensangelegenheiten recht gut auskannte.

Dieses Gedicht möchte ich nun an den Schluß meiner Rede setzen. Doch zuvor will ich noch in meinem und im Namen meiner Geschwister euch, liebe Mutter und lieber Vater, danken. Danke, daß ihr uns ein gutes Elternhaus und eine gute »Kinderstube« gegeben habt. Danke für euer vorzügliches Beispiel in all den Jahren und danke, daß ihr die Familie immer zusammengehalten habt.

Und nun, zum Abschluß, das Gedicht:

Es rauschen die Wasser,
Die Wolken vergehn;
Doch bleiben die Sterne,
Sie wandeln und stehn.
So auch mit der Liebe,
Der treuen, geschicht,
Sie wegt sich, sie regt sich
Und ändert sich nicht.

Laßt uns nun die Gläser erheben und trinken auf das Wohl unserer Eltern!

Zur diamantenen Hochzeit

Hochverehrtes Jubelpaar!
Mehr als 80 Lebensjahre zählt nun jeder von euch,
und genau 60 Jahre zählt die gemeinsame Ehe. Wer
von euch dachte damals, als ihr die Ringe getauscht
habt, daß ihr einmal diese stattliche Anzahl von
Ehejahren erreichen würdet? Wohl keiner.

Dieses Fest der Eheschließung, vor 60 Jahren
gefeiert, bezeichnet man als grüne Hochzeit. Da
sind die beiden Heiratskandidaten noch recht grün
hinter den Ohren, sie haben noch kaum Lebenser-
fahrung und schon gar keine Ahnung von der Ehe
und ihren Verwirrungen. Auch die Ehe selbst ist
noch grün, sie ist noch nicht erblüht und muß erst
noch Früchte tragen.

Die Reife ist dann beim nächsten großen Jahres-
tag der Eheschließung da, und zwar in Form voll
erstrahlenden Silbers. Nach 25 Ehejahren kann
dieses Fest begangen werden. Damals wart ihr zwei
wohl überzeugt, nun schon eine lange Zeit mitein-
ander zugebracht zu haben. Vielen war es damals
gar nicht mehr vergönnt, ihre Silberhochzeit zu
feiern, weil der Krieg mit seinen schrecklichen Lei-
den dazwischen trat und zahlreichen Ehen ein
jähes Ende setzte. Er hat nicht nur Hunderttausen-
den von Soldaten, sondern auch den Daheimgeblie-
benen, den Frauen und Kindern, in den Bomben-
nächten das Leben gekostet. Damals werdet ihr
besonders dankbar gewesen sein, dieses Fest noch
miteinander feiern zu dürfen.

Heutzutage ist die silberne Hochzeit fast schon
so geläufig wie ein 50. Geburtstag. Wir dürfen je-

doch nicht vergessen, auch Silber ist ein Edelmetall, zwar nicht so wertvoll wie Gold, aber ein genauso seltener Stoff.

Als ihr euch zur Silberhochzeit gerüstet habt, wußtet ihr noch nicht, ob ihr auch den nächsten großen Hochzeitstag, die goldene Hochzeit, erreichen würdet. 50 Jahre gemeinsames Eheleben, das ist wohl doch noch das Ziel eines jeden jungvermählten Paares, wenn es in die Zukunft schaut. Es ist eben noch immer schwer vorstellbar, diese lange Zeitspanne gemeinsam zu leben.

So bildet dieses halbe Jahrhundert den Höhepunkt einer jeden Ehe. Nicht allzu viele Paare erreichen den Gipfel, doch ihr beide habt auch den Fünfziger vollgemacht, und ich möchte fast behaupten, mit einer Leichtigkeit, die uns Jüngere in Erstaunen versetzt. Von irgendwelchen Ermüdungserscheinungen keine Spur.

Und damals, vor 10 Jahren, zweifelte wohl keiner mehr daran, daß ihr auch die Sechzig füllen werdet. Heute nun ist es soweit, und ich kann nur noch mit Schopenhauer sagen: »Das Gemüt eines Liebenden ist wie ein Diamant.«

Ein Diamant ist unverwüstlich. Mit ihm schneidet man Glas, der Diamant kann nicht zertreten werden, so wie eure Bindung, die ebenso unverwüstlich und unzerstörbar ist. Der Diamant leuchtet von seiner Oberfläche aus, ihr aber mit euren »diamantenen Jahren«, ihr strahlt aus dem Inneren.

Ich glaube, ich brauche nicht besonders zu erwähnen, daß dieser Tag heute auch eine Gnade ist, so wie es überhaupt eine Gnade ist, lange zu leben und dabei einen Partner zur Seite zu haben, der über diese Zeitspanne hinweg, die fast ein Menschenleben ausmacht, zu einem hält.

Es ist gut zu wissen, daß es so etwas auch heute noch gibt, heute, wo doch bald jeder davon spricht, wann sein nächster Scheidungstermin angesetzt ist, heute, wo man es sich manchmal schon verkneifen muß, von einer glücklichen Ehe zu sprechen. Kaum einer glaubt mehr daran, daß es die glückliche Beziehung überhaupt gibt, die über das ganze Leben hinweg allen Anfechtungen widersteht.

Ihr beide jedoch hattet dieses Glück. Es ermöglichte euch ein gegenseitiges Verständnis, das die Sorgen und Probleme zu einer befriedigenden Lösung brachte und das Streitereien und Meinungsverschiedenheiten wieder glättete. Und so seid ihr nach 60 Jahren eigentlich ein noch recht junges Ehepaar, denn je jünger zwei Eheleute sind, desto schneller läßt sich eine Zwistigkeit aus der Welt schaffen. Da ist die Liebe noch so stark und stürmisch, daß sie über jene Dinge hinwegsieht, die einen in späteren Jahren schon aufregen können. Auch laßt ihr euch noch gar nicht zum alten Eisen werfen. Ihr seid aktiv, unternehmt viel gemeinsam und steht Neuem aufgeschlossen gegenüber.

So wünsche ich euch nun, daß dies auch in Zukunft so bleiben möge. Vor allem aber wünsche ich euch Gesundheit und Frische. Denn ich möchte gern, daß wir uns in 10 Jahren zur eisernen Hochzeit erneut treffen. Das ist aber nur möglich, wenn ihr keinen Rost ansetzt. Da baue ich auf die Unverwüstlichkeit des Diamanten und auf die Liebe, die, wie man an euch sieht, die Kraft erhält. Somit erhebe ich nun mein Glas und trinke auf das Wohl unseres diamantenen Jubelpaares!

Zur eisernen Hochzeit

Geschätztes Jubelpaar!
»Jede Zeit ist um so kürzer, je glücklicher man ist.«
Dieser Satz stammt von Plinius. Euch beiden, die ihr nun sage und schreibe 70 (75) Jahre lang miteinander verheiratet seid, muß die Zeit sehr kurz erschienen sein. Jedenfalls schließe ich das aus dem Glück, das ich an euren Augen ablesen kann. Und ihr selbst könnt ja auch noch kaum glauben, daß es schon 70 (75) Jahre her sein soll, seit ihr die Ringe getauscht und euch das Jawort gegeben habt.

70 (75) Jahre sind ein Menschenleben. Es ist ungewöhnlich, diese Zeit gemeinsam in einer Ehe zu verbringen. Und trotzdem, wenn unser Jubelpaar heute zurückschaut, so werden wohl beide bedauern, daß diese Zeit so schnell verflogen ist. Friedrich von Logau schrieb ein Sinngedicht dazu:

Wer die Zeit verklagen will,
daß so zeitig sie verraucht,
der verklage sich nur selbst,
daß er sie nicht zeitig braucht.

Diesbezüglich habt ihr beide, liebe ... (Vorname der Ehefrau) und lieber ... (Vorname des Ehemannes), euch nichts vorzuwerfen. Denn eure Zeit, euer ganzes Leben war angefüllt mit Arbeit und Schaffen. Leerlauf kanntet ihr nicht. Statt dessen aber habt ihr es verstanden, neben der vielen Arbeit auch die Freuden des Daseins und die Schönheiten unserer Welt zu genießen. Und wenn ihr heute zurückblickt, so seht ihr bestätigt, daß es sich gelohnt hat, so lange und darüber hinaus gemeinsam diese Zeit zu verbringen. Eure Zeit ist gewiß nicht einfach verraucht, sondern sie ist genutzt und gebraucht worden.

Sicher, es ging nicht ohne Krisen ab. Wie oft werdet ihr euch gefragt haben, ob es richtig war, einander zu heiraten, wie oft wird einer von euch gezweifelt haben an dieser Wahl. Doch je älter ihr zusammen wurdet und je älter eure Ehe wurde, um so mehr trat die Erkenntnis ans Licht, wie richtig doch die Schließung dieser Ehe war.

Jetzt steht ihr hier inmitten eurer Kinder, eurer Enkel und Urenkel, die sich selbst schon wieder anschicken, eigene Familien zu gründen. Es ist ein Segen für einen Menschen, so viele Generationen seiner Nachkommen vor sich zu haben und mit ihnen dieses Fest begehen zu dürfen. Es ist ein Segen, wenn ihr miterleben dürft, wie sich die Äste des Stammbaums, den ihr selbst noch gepflanzt habt, ausbreiten und wie jeder Ast sich wiederum verzweigt in weitere junge Triebe, wie die Familie, zu der unsere beiden Jubilare den Grundstein gelegt haben, wächst und sich ausbreitet, wie sich auf diesem Grundstein das Gebäude erhebt.

Eiserne Hochzeit feiern wir heute, den 70. (75.) Jahrestag einer Eheschließung. Das Eisen galt Jahrtausende hindurch als wichtigster Werkstoff. Und auch heute noch wird es dauernd verwendet. Doch was beim Wort »Eisen« besonders auffällt: Es strahlt Kraft und Stärke aus, es gilt als besonders haltbar und widerstandsfähig. Und all diese Verknüpfungen, die einem bei diesem Wort einfallen, gelten auch für diese Ehe.

Eisen kann auch Rost ansetzen, jedoch nur, wenn es vernachlässigt wird, wenn es nicht gepflegt und benutzt wird und nur in der Ecke liegt. Auch eine Ehe kann schon frühzeitig Rost ansetzen. Doch ihr beide habt darauf geachtet, daß dies nicht geschieht in eurer Ehe. Ihr beide habt euch durch das gemeinsame Leben zusammenschweißen lassen und euch einen Panzer zugelegt. Euer Gefühl des Zusammengehörens, eure Sorge füreinander sind Material dieses ehernen Panzers, an dem die oftmals recht scharfen und verletzenden Pfeile des Schicksals einfach abprallten.

Da wäre es nun aufschlußreich zu erfahren, wieso es bei euch beiden so lange gutgegangen ist. Eine Art Erfolgsrezept wird es kaum geben. Doch wenn man genau hinsieht, kann man schon erkennen, woran es liegt, daß ihr zwei nun schon 70 (75) Jahre miteinander verheiratet seid und in dieser ganzen Zeit keine Überdrüssigkeit, keine Gleichgültigkeit zu bemerken war.

Da ist zuerst die Liebe, die euch zwei seit dem Anfang verbindet. Und dann, in eurem Alter erkennt man es deutlich, die Freundschaft, gepaart mit Vertrauen und Verständnis für den anderen. Marie von Ebner-Eschenbach sagt: »Jedes brave eheliche Verhältnis endet mit Freundschaft.« Eben diese Freundschaft verbindet euch heute wohl am stärksten.

Obwohl ihr beide aber schon über neunzig seid, will ich an diesem Tag nicht nur in die Vergangenheit blicken, sondern auch die Zukunft heranholen. Denn ihr habt noch eine gemeinsame Zukunft vor euch, und die Jahre, die euch das Leben noch schenken wird, solltet ihr in vollen Zügen genießen. Und da will ich auch wieder zu meinem Stichwort vom Anfang zurückkehren, zur Zeit.

Molière sagte: »Die Zeit tut nichts zur Sache.« Genau das gilt auch für eure gemeinsame zukünftige Zeit. Es ist unerheblich, wieviel Zeit euch noch bleibt. Ausschlaggebend ist nur, wie ihr diese Zeit gestaltet, wie ihr sie erlebt.

Und so will ich ans Ende meiner Rede noch einen letzten Ausspruch setzen. Friedrich Rückert sagt:
»Des Menschen ganzes Glück besteht
in zweierlei,
Daß ihm gewiß und ungewiß die Zukunft sei.«
So erhebe ich nun mein Glas auf eben diese Zukunft unseres Jubelpaares. Möge sie euch sicher sein, und möge sie euch noch genügend Überraschungen bringen, freudige Überraschungen versteht sich, damit wir uns dann in einigen Jahren wieder hier treffen können, wieder zu einem Fest wie diesem. Auf euer Wohl!

Starkes Selbst-vertrauen für eine erfolgreiche Bewerbung.	*Was meint der Arbeitgeber wirklich?*	*Der Selbständige ist sein eigener Herr.*	*Partner gewinnen. Partner überzeugen.*

Heiner Kurt Wülfrath
Sich erfolgreich bewerben und vorstellen

Ein praktischer Ratgeber für Stellensuchende

ECON Praxis

Manfred Lucas
Arbeitszeugnisse richtig deuten

ECON Praxis

Edgar Forster
Sich selbständig machen – gewußt wie

ECON Praxis

Harry Holzheu
Gesprächspartner bewußt für sich gewinnen

Psychologie und Technik des partnerorientierten Verhaltens

ECON Praxis

Wülfrath, Heiner Kurt
Sich erfolgreich bewerben und vorstellen
– Ein praktischer Ratgeber für Stellensuchende –
Originalausgabe, 90 S.
8,80 DM
ISBN 3-612-21004-1
ETB 21004

Lucas, Manfred
Arbeitszeugnisse richtig deuten
Originalausgabe
128 Seiten
8,80 DM
ISBN 3-612-21016-5
ETB 21016

Forster, Edgar A.
Sich selbständig machen – gewußt wie
Originalausgabe
192 Seiten
9,80 DM
ISBN 3-612-21001-7
ETB 21001

Holzheu, Harry
Gesprächspartner bewußt für sich gewinnen.
– Psychologie und Technik des partnerorientierten Verhaltens
Originalausgabe
192 Seiten
8,80 DM
ISBN 3-612-21003-3
ETB 21003

Das Buch
Mit steigender Zahl der Arbeitslosen wird auch die Konkurrenz unter den Stellensuchenden größer. Die Chancen des einzelnen nehmen mit der effizienten schriftlichen und mündlichen Form einer Bewerbung zu. In systematischer Abfolge erfährt der Leser, wo er die meisten Stellenanzeigen findet, wie er Anzeigen analysiert, welche Bewerbungsformen es gibt, welche am vorteilhaftesten sind, welches Bewerbungsmaterial er benötigt, wie er die schriftliche Bewerbung aufbaut und formuliert, wie man sich auf ein Vorstellungsgespräch vorbereitet, wie man Gehaltsverhandlungen führt und was man beim Vertragsabschluß berücksichtigen muß.

Der Autor
Heiner K. Wülfrath ist Exportleiter. Er hat sich viele Jahre intensiv mit der Auswertung von Bewerbungen und der Personalauswahl beschäftigt.

Das Buch
Man erhält ein Zeugnis, aber was bedeuten eigentlich die verschiedenen Formulierungen? Was heißt „Zu unserer vollsten Zufriedenheit" oder „Der Mitarbeiter hat sich um den Betrieb verdient gemacht"? Dieses Buch gibt auf alle Fragen ausführliche Antwort.

Aus dem Inhalt
Rechtliche Grundlagen · Bedeutung des Zeugnisses · Haftung des Arbeitgebers · Zeugnisse bei der Vorstellung · Zeugnisse während des Arbeitsverhältnisses · Zeugnisse bei Beendigung des Arbeitsverhältnisses · Einfaches Zeugnis · Qualifiziertes Zeugnis · Ersatzzeugnis.

Der Autor
Manfred Lucas ist Dozent in der Erwachsenenbildung mit Schwerpunkt Bewerbung.

Das Buch
Das Risiko, seinen Arbeitsplatz zu verlieren, nimmt in Zeiten wirtschaftlicher Sparmaßnahmen ständig zu. Der Trend zum selbständigen Arbeiten, zum eigenständigen Tragen aller beruflichen Verantwortung, zur Unabhängigkeit, ist verbreitet. Von der Idee und den Voraussetzungen über die Konzeption, mit und ohne Hilfe von Unternehmensberatungen, über Finanzierungsmöglichkeiten, rechtliche, steuerliche und versicherungstechnische Richtlinien bis hin zu Pressearbeit, Werbung, Absatz und Vertrieb werden alle wesentlichen Fragen beantwortet. Praktische Beispiele veranschaulichen den Text.

Der Herausgeber
Dr. Edgar A. Forster ist Volkswirt und arbeitet als Unternehmensberater und Repräsentant des Bundesverbandes für Selbständige in München.

Das Buch
Momentane Verhandlungsergebnisse werden hinterher wieder in Frage gestellt, Vereinbarungen angezweifelt, Zugeständnisse rückgängig gemacht. Partnerorientiertes Verhalten – eine neue Methode der Gesprächsführung – soll langfristig Erfolge bringen und eine dauerhafte Partnerschaft mit den Verhandlungspartnern sichern. Der Autor zeigt, wie man seinen eigenen Standpunkt verteidigt, ohne den Partner zu verletzen, wie man Partner gewinnt, wie man Partner überzeugt, ohne daß sie ihr Selbstwertgefühl verlieren, wie Ich-Aussagen als Ausdruck der eigenen Meinung ohne Vorwürfe und Anklagen formuliert und wie Du-Aussagen im Sinne des aktiven Zuhörens umgesetzt werden.

Der Autor
Harry Holzheu ist Psychologe und Verkaufstrainer. Er war 17 Jahre in Großkonzernen tätig und ist heute anerkannter Spitzentrainer.

Gesundheit

Maximilian Alexander
Die (un)heimlichen Krankmacher
Vorbeugen, erkennen, heilen

ECON Ratgeber

ETB 20039 DM 9,80
Originalausgabe,
144 Seiten,

Wolf Ulrich
Allergien sind heilbar
Hilfe bei Heuschnupfen und anderen allergischen Krankheiten

ECON Ratgeber

ETB 20023 DM 8,80
Originalausgabe,
159 Seiten,
14 Zeichnungen

Maximilian Alexander
Rheuma ist heilbar
Neueste Naturheilmethoden

ECON Ratgeber

ETB 20017 DM 7,80
142 Seiten

Bernard A. Bäker
Gelenk-erkrankungen

Arthritis, Arthrose,
Gelenkrheuma

ECON Ratgeber

ETB 20080 DM 8,80
141 Seiten,
57 Zeichnungen,
12 Fotos

Gerhard Leibold
Das Kreuz mit dem Kreuz

Bandscheibenschäden
vorbeugen und heilen

ECON Ratgeber

ETB 20133 DM 7,80
Originalausgabe,
ca. 144 Seiten,
15 Zeichnungen

Bernard A. Bäker
Migräne und Kopfschmerzen sind heilbar

ECON Ratgeber

ETB 20063 DM 7,80
115 Seiten,
6 Zeichnungen

Werner Zenker
Mit Asthma leben lernen

ECON Ratgeber

ETB 20049 DM 7,80
Originalausgabe,
173 Seiten

Werner Zenker
Mein Kind hat Asthma

ECON Ratgeber

ETB 20037 DM 9,80
Originalausgabe,
202 Seiten

Martin Schwartz
Stottern ist heilbar

Erfolgreiche
Behandlungsmethoden

ECON Ratgeber

ETB 20057 DM 7,80
176 Seiten

Gerhard Leibold
Die Schilddrüse

Krankheiten vorbeugen
und behandeln

ECON Ratgeber

ETB 20106 DM 7,80
Originalausgabe,
ca. 128 Seiten,
4 Zeichnungen

Bernard A. Bäker
Brustkrebs

Vorbeugen, erkennen,
handeln

ECON Ratgeber

ETB 20107 DM 8,80
Originalausgabe,
ca. 176 Seiten,
Zeichnungen

Gerhard Leibold
Risikofaktor Cholesterin

Erkennen und vorbeugen

ECON Ratgeber

ETB 20083 DM 7,80
Originalausgabe,
138 Seiten, 5 Zeichnungen

Michael Eisenberg
Magenkrank?

Behandlung und Heilung

ECON Ratgeber

ETB 20068 DM 8,80
159 Seiten,
14 Zeichnungen

Angela Kilmartin
Blasen-entzündung

Vorbeugen und
selbst behandeln

ECON Ratgeber

ETB 20072 DM 8,80
164 Seiten,
18 Zeichnungen

Wolf Ulrich
Zellulitis ist heilbar
Orangenhaut – vorbeugen und selbst behandeln

ECON Ratgeber

ETB 20012 DM 6,80
128 Seiten,
51 Fotos

Essen und Trinken

Ilse Sibylle Dörner
Das grüne Kochbuch
Handbuch der naturbelassenen Küche

ECON Ratgeber

ETB 20026   DM 12,80
270 Seiten,
20 Zeichnungen,
382 Rezepte

Helma Danner
Biologisch kochen und backen
Das Rezeptbuch der natürlichen Ernährung

ECON Ratgeber

ETB 20003   DM 14,80
288 Seiten,
8 Farbtafeln,
425 Rezepte

Ilse Sibylle Dörner
Diät mit Bio-Kost
Schlank, gesund und fit

ECON Ratgeber

ETB 20019   DM 9,80
Originalausgabe,
189 Seiten, 16 Zeichnungen,
232 Rezepte

Helma Danner
Bio-Kost für mein Kind

ECON Ratgeber

ETB 20050   DM 8,80
160 Seiten,
20 Zeichnungen

Anneliese und Gerhard Eckert
Selbst räuchern

Fische, Fleisch und Wurst ... Rezepte

ECON Ratgeber

ETB 20087   DM 9,80
144 Seiten,
Zeichnungen

Veronika Müller
Käse und Joghurt selbst herstellen

Mit 100 Rezepten zum Kochen

ECON Ratgeber

ETB 20136   DM 8,80
Originalausgabe,
ca. 128 Seiten,
20 Zeichnungen

Heidemarie Freund
Marmeladen, Konfitüren und Gelees

150 Rezepte

Originalausgabe

ECON Ratgeber

ETB 20144   DM 9,80
Originalausgabe,
ca. 128 Seiten,
Zeichnungen

Ilse Sibylle Dörner
Kochen und heilen mit Honig

ECON Ratgeber

ETB 20070   DM 9,80
221 Seiten,
15 Zeichnungen,
516 Rezepte

Peter Espe
Tips für den Weinkauf

Band 1: Das Grundwissen

ECON Ratgeber

ETB 20148   DM 8,80
168 Seiten,
20 Zeichnungen

Katharina Buss
Leib- und Magenelixiere
Selbstgemachte Liköre und Schnäpse

ECON Ratgeber

ETB 20018   DM 8,80
Originalausgabe,
144 Seiten, 30 Zeichnungen,
4 Farbtafeln, 167 Rezepte

Peter C. Hubschmid
Tee – für Kenner und Genießer

Ein Brevier mit 40 Teerezepten

ECON Ratgeber

ETB 20073   DM 8,80
Originalausgabe,
144 Seiten,
20 Zeichnungen

Gini Rock
Aus der Bohne wird Kaffee
80 Rezepte zur Zubereitung eines klassischen Getränks

ECON Ratgeber

ETB 20048   DM 8,80
Originalausgabe,
168 Seiten,
37 Abbildungen

Natur

Heidrun und Friedrich Jantzen
Das Gartenjahr im Gemüsegarten

ECON Ratgeber

ETB 20108   DM 9,80
Originalausgabe,
ca. 128 Seiten,
ca. 100 Zeichnungen und Fotos

Ina Jung
Biologisch düngen

Gesunder Boden, weniger Schadstoffbelastung, mehr Ertrag

ECON Ratgeber

ETB 20134   DM 9,80
Originalausgabe,
ca. 128 Seiten,
ca. 50 Zeichnungen

Hobby

Heidemarie Freund
Schöne Geschenke selbst gebastelt

ECON Ratgeber

ETB 20088   DM 8,80
Originalausgabe,
112 Seiten,
ca. 70 Zeichnungen

Heidemarie Freund
Basteln mit Kindern

Zauberhafte Ideen
für 4- bis 10jährige
originalausgabe

ECON Ratgeber

ETB 20101   DM 8,80
Originalausgabe,
112 Seiten,
ca. 70 Zeichnungen

Christel Keller
Seidenmalerei

ECON Ratgeber

ETB 20137   DM 14,80
Originalausgabe,
112 Seiten,
ca. 30 Fotos, 16 Farbtafeln

Eva Gabisch
Chinesische Malerei

Anleitung für ein
schöpferisches Hobby

ECON Ratgeber

ETB 20011   DM 5,80
95 Seiten,
3 Farbtafeln,
70 Zeichnungen

Annette Arnold
Kerzen und Figuren aus Bienenwachs

Anleitung zum
Selbermachen

ECON Ratgeber

ETB 20110   DM 9,80
Originalausgabe,
128 Seiten,
ca. 50 Fotos und Zeichnungen

Edda Biesterfeld
Kleine Kunst auf weißem Gold

Ein Kurs zum Erlernen
der Porzellanmalerei

ECON Ratgeber

ETB 20009   DM 8,80
157 Seiten,
16 Farbfotos,
80 Zeichnungen

Dieter Heitmann
Holz – das natürlichste Spielzeug der Welt

Ideen
zum Selbermachen

ECON Ratgeber

ETB 20034   DM 12,80
122 Seiten,
68 Fotos, 13 Farbfotos,
100 Zeichnungen

Klaus Oberbeil
Kaufen und verkaufen auf dem Flohmarkt

ECON Ratgeber

ETB 20079   DM 8,80
Originalausgabe,
160 Seiten

Heiner Vogelsang
Trödel sammeln und restaurieren

1000 Tips für den
Umgang mit alten
Stücken

ECON Ratgeber

ETB 20042   DM 12,80
Originalausgabe,
174 Seiten, 8 Farbtafeln,
36 Zeichnungen

Helmut-Maria Glogger
Kunst und Antiquitäten sachkundig kaufen

ECON Ratgeber

ETB 20089   DM 14,80
Originalausgabe,
ca. 180 Seiten,
ca. 40 Zeichnungen

Siegfried Sterner
Hausmusik

Vergnügen
in Dur und Moll

ECON Ratgeber

ETB 20036   DM 9,80
187 Seiten,
31 Zeichnungen

Spiele und Unterhaltung

**H. Otake
S. Futakuchi**
Go

Das Einführungsbuch des
Deutschen Go-Bundes

ECON Ratgeber

ETB 20103   DM 9,80
Deutsche Erstausgabe,
200 Seiten,
250 Diagramme

Alfred Schwarz
Backgammon

Das offizielle Regelbuch
des Deutschen
Backgammon-Bundes

ECON Ratgeber

ETB 20112   DM 9,80
Originalausgabe,
ca. 128 Seiten,
116 Zeichnungen

Ruth Dirx
Kinderspiele von Januar bis Dezember

Unterhaltung für
Mädchen, Jungen und
Eltern

ECON Ratgeber

ETB 20032   DM 7,80
175 Seiten,
55 Zeichnungen,
198 Spielideen

Isolde Kiskalt

Wir feiern eine Kinderparty

Spiele, Rezepte, Zaubereien für 4- bis 10jährige

ECON Ratgeber

ETB 20102   DM 7,80
Originalausgabe,
128 Seiten,
36 Zeichnungen

Martin Weghorn

1000 Fragen zur Umwelt

Ein Quizbuch für Wissen und Unterhaltung

ECON Ratgeber

ETB 20090   DM 7,80
Originalausgabe,
128 Seiten,
ca. 100 Zeichnungen

Martin Weghorn

1000 Fragen zur Geographie

Ein Quizbuch für Wissen und Unterhaltung

ECON Ratgeber

ETB 20111   DM 7,80
Originalausgabe,
ca. 128 Seiten,
ca. 10 Zeichnungen

Martin Weghorn

1000 Fragen zur Geschichte

Ein Quizbuch für Wissen und Unterhaltung

ECON Ratgeber

ETB 20138   DM 7,80
Originalausgabe,
ca. 128 Seiten

Reden, Briefe, deutsche Sprache

Edith Hallwass

Gutes Deutsch in allen Lebenslagen

ECON Ratgeber

ETB 20139   DM 14,80
530 Seiten

Heidemarie Müller

Die schönsten Poesiealbum- verse

ECON Ratgeber

ETB 20092   DM 6,80
Originalausgabe,
111 Seiten

Frank Hercher

Ansprachen, Reden, Toasts

Für alle Gelegenheiten

ECON Ratgeber

ETB 20093   DM 9,80
224 Seiten

Franz Bludau

Liebesbriefe

Musterbriefe für Verliebte

ECON Ratgeber

ETB 20105   DM 7,80
Originalausgabe,
ca. 128 Seiten

Brigitte Otto

Vornamen

Herkunft und Bedeutung
Von Abigail bis Zygmunt

originalausgabe

ECON Ratgeber

ETB 20113   DM 7,80
Originalausgabe,
ca. 160 Seiten

Lebenshilfe

Peter Lauster

Lassen Sie sich nichts gefallen

Die Kunst, sich durchzusetzen
Mut zum Ich

ECON

ETB 20081   DM 12,80
285 Seiten,
33 Zeichnungen

Anton und Marie-Luise Stangl

Lebenskraft

Selbstverwirklichung durch
Eutonie und Zen

ECON Ratgeber

ETB 20094   DM 12,80
296 Seiten

Marie-Luise Stangl

Jede Minute sinnvoll leben

Vertrauen zu sich selbst gewinnen

ECON Ratgeber

ETB 20015   DM 5,80
123 Seiten

Marie-Luise Stangl

Die Welt der Chakren

Praktische Übungen
zur Seins-Erfahrung

ECON Ratgeber

ETB 20022   DM 5,80
Originalausgabe,
107 Seiten,
49 Zeichnungen

Joseph Wolpe

Unsere sinnlosen Ängste

Wege zu ihrer Überwindung

ECON Ratgeber

ETB 20031   DM 8,80
204 Seiten

Bernhard Müller-Elmau

Kräfte aus der Stille

Die transzendentale Meditation

ECON Ratgeber

ETB 20021 **DM 7,80**
191 Seiten

Gerhard Leibold

Körpertherapie

Einklang von Körper, Geist und Psyche

ECON Ratgeber

ETB 20114 **DM 7,80**
Originalausgabe,
ca. 160 Seiten,
15 Zeichnungen

Marianne Schneider-Düker

Gruppen-psychotherapie

Methoden, Probleme, Erfolge

ECON Ratgeber

ETB 20055 **DM 7,80**
135 Seiten,
6 Abbildungen

Peter Lauster

Statussymbole

Wie jeder jeden beeindrucken will

ECON

ETB 20104 **DM 9,80**
204 Seiten,
25 Zeichnungen

Maximilian Alexander Schein und Wirklichkeit der Sekten

ECON Ratgeber

ETB 20069 **DM 9,80**
Originalausgabe,
ca. 192 Seiten

Alfred Bierach

Schlank im Schlaf durch vertiefte Entspannung

Die SIS-Methode

ECON Ratgeber

ETB 20008 **DM 6,80**
144 Seiten,
1 Graphik

Waltraud Simon Praxis der Eheinstitute

ECON Ratgeber

ETB 20062 **DM 8,80**
Originalausgabe,
139 Seiten

Mavis Klein

Ein Partner für mich

Wege zu Freundschaft und Liebe

ECON Ratgeber

ETB 20028 **DM 7,80**
156 Seiten,
21 Graphiken

Debora Phillips Robert Judd Das Ende einer Zweier-beziehung

Auf dem Weg zum neuen Ich

ECON Ratgeber

ETB 20066 **DM 8,80**
Deutsche Erstausgabe,
143 Seiten

Stephen M. Johnson

Nach der Trennung wieder glücklich

ECON Ratgeber

ETB 20041 **DM 9,80**
287 Seiten

Roland Kopping

Träume und ihre Deutung

ECON Ratgeber

ETB 20120 **DM 9,80**
Originalausgabe,
ca. 200 Seiten

Georg Götte

Ahnen-forschung

So erstellt man seinen Stammbaum

ECON Ratgeber

ETB 20119 **DM 8,80**
Originalausgabe,
ca. 144 Seiten,
10 Zeichnungen

Manfred Lucas

Hören, um gehört zu werden

Die Kunst des richtigen Zuhörens

ECON Ratgeber

ETB 20146 **DM 8,80**
Originalausgabe,
ca. 128 Seiten

Bernd Kirchner

Die trügerische Sicherheit

Tips für den Umgang mit Versicherungen

ECON Ratgeber

ETB 20053 **DM 9,80**
205 Seiten

Kinder- und Schüler-hilfen

W. Zeise/J. A. Stöhr

Kinder-Medizin, Pädagogik, Psychologie

Ein Lexikon

ECON Ratgeber

ETB 20043 **DM 16,80**
Aktualisierte Neuausgabe,
534 Seiten,
111 Zeichnungen

Emil und Octavia
Wieczorek

**So fördere ich
mein Kind**

100 psychopädagogisch
erprobte Spiele

ECON Ratgeber

ETB 20054   **DM 8,80**
Originalausgabe,
182 Seiten

Hannes Lachenmair

**Eltern-
initiativen**

Wir organisieren
einen Kindergarten

ECON Ratgeber

ETB 20046   **DM 9,80**
Originalausgabe,
204 Seiten

**Fitzhugh
Dodson**

**Väter sind die
besten Mütter**

**Kinder brauchen
ihre Väter**

ECON Ratgeber

ETB 20056   **DM 9,80**
280 Seiten

Günther Beyer

**So lernen
Schüler
leichter**

Gedächtnis- und
Konzentrationstraining

ECON Ratgeber

ETB 20001   **DM 6,80**
128 Seiten,
92 Zeichnungen,
49 Übungen

Arnold Grömminger

**Kinder
wollen lesen**

Über die sinnvolle
Auswahl von Büchern

ECON Ratgeber

ETB 20033   **DM 7,80**
112 Seiten

Uwe-Jörg Jopt

**Schlechte Schüler
- faule Schüler?**

Wie Eltern helfen
können

ECON Ratgeber

ETB 20045   **DM 7,80**
143 Seiten

Rudolf Meinert

**Mein Kind
in der
Pubertät**

ECON Ratgeber

ETB 20047   **DM 7,80**
136 Seiten

Gisela Eberlein

**Ängste
gesunder
Kinder**

Praktische Hilfe bei
Lernstörungen

ECON Ratgeber

ETB 20010   **DM 7,80**
158 Seiten

Joan Freeman

**Erziehung
und
Intelligenz**

Natürliche Anlagen
erkennen und fördern

ECON Ratgeber

ETB 20044   **DM 9,80**
191 Seiten

Jerry Jacobs

**Ich weiß
keinen Ausweg
mehr**

Hilfe für selbstmord-
gefährdete Jugendliche

ECON Ratgeber

ETB 20040   **DM 9,80**
176 Seiten

Astrologie

Hanns-Manfred Heuer

**Mein Kind
ist Widder**

Vom 21. März bis 20. April

ECON Ratgeber

ETB 20121   **DM 6,80**
112 Seiten,
10 Zeichnungen

Hanns-Manfred Heuer

**Mein Kind
ist Stier**

Vom 21. April bis 20. Mai

ECON Ratgeber

ETB 20122   **DM 6,80**
112 Seiten,
10 Zeichnungen

Hanns-Manfred Heuer

**Mein Kind
ist Zwilling**

Vom 21. Mai bis 21. Juni

ECON Ratgeber

ETB 20123   **DM 6,80**
112 Seiten,
10 Zeichnungen

Hanns-Manfred Heuer

**Mein Kind
ist Krebs**

Vom 22. Juni bis 22. Juli

ECON Ratgeber

ETB 20124   **DM 6,80**
112 Seiten,
10 Zeichnungen

Hanns-Manfred Heuer

**Mein Kind
ist Löwe**

Vom 23. Juli bis 23. August

ECON Ratgeber

ETB 20125   **DM 6,80**
112 Seiten,
10 Zeichnungen

Manfred Lucas
Arbeitszeugnisse richtig deuten

ECON Praxis

ETB 21016   DM 8,80
Originalausgabe,
ca. 128 Seiten

Manfred Bosse
Was tun bei Kündigung?

Rechte und Möglichkeiten
des Arbeitnehmers

ECON Praxis

ETB 21014   DM 9,80
Originalausgabe,
298 Seiten

Axel Winterstein
Vorankommen durch Weiterbildung

ECON Praxis

ETB 21015   DM 9,80
Originalausgabe,
ca. 160 Seiten

Axel Winterstein
Abitur – was dann?

Berufschancen mit und ohne Studium

ECON Praxis

ETB 21018   DM 9,80
Originalausgabe,
ca. 176 Seiten

C.V. Rock
Berufsalternativen für arbeitslose Lehrerinnen und Lehrer

Möglichkeiten in selbständigen
und nichtselbständigen Bereichen

ECON Praxis

ETB 21006   DM 9,80
Originalausgabe,
191 Seiten

Renate Gorges
Job-Sharing

Möglichkeiten für Arbeitsteilung
und Arbeitszeitorganisation

ECON Praxis

ETB 21002   DM 9,80
Originalausgabe,
170 Seiten

Harry Holzheu
Gesprächpartner bewußt für sich gewinnen

Psychologie und Technik des
partnerorientierten Verhaltens

ECON Praxis

ETB 21003   DM 8,80
Originalausgabe,
192 Seiten

Anton Stangl
Das Buch der Verhandlungskunst

Psychologisch richtig verkaufen

ECON Praxis

ETB 21008   DM 12,80
376 Seiten

Gerd Ammelburg
Die Rednerschule

Reden, verhandeln, überzeugen

ECON Praxis

ETB 21010   DM 12,80
192 Seiten,
11 Fotos,
25 Zeichnungen

Wolfgang Zielke
Informiert sein ist alles

Die Papierflut sinnvoll nutzen

ECON Praxis

ETB 21007   DM 8,80
185 Seiten

Ullrich Sievert
Mehr Zeit für das Wichtige

Prinzipien, Methoden, Techniken

ECON Praxis

ETB 21013   DM 9,80
154 Seiten

Rolf W. Schirm
Kürzer, knapper, präziser

Erfolgreiche Kommunikation im Büro

ECON Praxis

ETB 21023   DM 8,80
112 Seiten

Jürgen Bleis
Hellmut W. Hofmann
Schach und Management

Wie man zum Zuge kommt

ECON Praxis

ETB 21009   DM 14,80
248 Seiten,
37 Diagramme

Antony Jay
Management und Machiavelli

Von der Kunst, oben zu bleiben

ECON Praxis

ETB 21017   DM 9,80
264 Seiten

Anton Stangl
Verkaufen muß man können

Eine praktische Verkaufs-
und Verhandlungsstrategie

ECON Praxis

ETB 21012   DM 8,80
127 Seiten

Klaus Oberbeil
Verkaufen mit Video

Möglichkeiten, Erfahrungen,
Zukunftschancen

ECON Praxis

ETB 21005   DM 12,80
Originalausgabe,
171 Seiten

Bestellschein ETB

Buchhandlung:

Ich bestelle hiermit aus dem
ECON Taschenbuch Verlag,
Postfach 9229, 4000 Düsseldorf 1,
durch die Buchhandlung:

_____ Ex.	_____ Ex.
_____ Ex.	_____ Ex.
_____ Ex.	_____ Ex.
_____ Ex.	_____ Ex.
_____ Ex.	_____ Ex.

Name:

Straße: Ort:

Datum: Unterschrift:

Preisänderungen und Irrtum vorbehalten. Stand 1. 8. 1985